# Krieg als Opfer?

Schriftenreihe PASSERELLES

**Bibliografische Information der Deutschen Nationalbibliothek**
Die Deutsche Nationalbibliothek verzeichnet diese Publikation in der Deutschen Nationalbibliografie; detaillierte bibliografische Daten sind im Internet über http://dnb.dnb.de abrufbar.

**Umschlagabbildung**
Franz Marc, *Getötetes Reh*, 1913 (aus Skizzenbuch XXVIII, S. 20),
Aquarell und Gouache über Tusche auf Papier, 16,3 × 13 cm,
Kochel a. See, Franz Marc Museum
Nachweis: Kochel a. See, Franz Marc Museum,
Stiftung Etta und Otto Stangl, Foto: Collecto.art



ISSN 1775-7142
ISBN 978-3-0358-0450-8 (DIAPHANES)
ISBN 978-2-7351-2778-8 (Éditions de la MSH)

Cathrin Klingsöhr-Leroy
und Barbara Vinken

# Krieg als Opfer?

Franz Marc illustriert Gustave Flauberts
*Legende des Heiligen Julian*

DEUTSCHES FORUM
FÜR KUNSTGESCHICHTE
CENTRE ALLEMAND
D'HISTOIRE DE L'ART
PARIS

fondation
maison des
sciences
de l'homme

# Inhalt

»Die Bäume zeigten ihre Ringe, die Tiere ihre Adern«
Franz Marc folgt der Spur des heiligen Julian ................. 11
Cathrin Klingsöhr-Leroy

Franz Marc illustriert Gustave Flauberts *Heiligen Julian* ..... 41
Barbara Vinken

*La légende de saint Julien l'hospitalier* ........................... 57
Gustave Flaubert

*Die Legende von Sankt Julian dem Gastfreien* ............... 89
Gustave Flaubert

Anmerkungen ................................................................ 123

Abbildungsnachweise .................................................... 131

1 Franz Marc, *Sterbendes Reh*, 1908, Bleistift, 12,7 × 12,5 cm, Kochel a. See, Franz Marc Museum

2 Franz Marc, *Sterbendes Reh*, 1908, Lithografie, 19 × 20,8 cm, München, Staatliche Graphische Sammlung München

# »Die Bäume zeigten ihre Ringe, die Tiere ihre Adern«

## Franz Marc folgt der Spur des heiligen Julian

Cathrin Klingsöhr-Leroy

Franz Marcs Gemälde *Tierschicksale* entstand im Frühjahr 1913 (Abb. 6).[1] Die dargestellte Apokalypse ist nicht nur eine »Vorahnung des Krieges«, wie Marc selbst 1915 und von der Front des Ersten Weltkriegs im Rückblick schrieb. In Marcs (1880–1916) Werk bezeichnet dieses Gemälde einen Knotenpunkt, an dem sich Linien bündeln, die er in den vorangegangenen Jahren verfolgt hatte, und an dem sich seine Hoffnung auf die Möglichkeit gesellschaftlicher Veränderung mit den Mitteln der Kunst relativierte. *Tierschicksale* steht dem zweiten, strahlenden Hauptwerk Marcs, dem ebenfalls 1913 gemalten *Turm der blauen Pferde*[2] (Abb. 5), als dunkel glühendes, apokalyptisches Bild gegenüber. Während der *Turm der blauen Pferde* das Symbol einer von Marc ersehnten Transfiguration alles Seins ins Spirituelle ist, zeigt das von Rot dominierte Bild *Tierschicksale* die radikale Zerstörung alles Seins in der Hoffnung auf Neuschöpfung.[3]

Die wichtigste Inspirationsquelle für *Tierschicksale* war eine Erzählung Gustave Flauberts (1821–1880), *La légende de saint Julien l'hospitalier* (1877), die Marc mehrmals las.[4] Schon früh lassen sich Spuren dieser Lektüre in seinem Werk ausmachen. Die 1908 entstandene Lithografie eines Rehs, das im Pfeilhagel stirbt (Abb. 2), scheint durch die berühmte Jagdszene der Novelle inspiriert zu sein.[5] 1913 befasste Marc sich wieder mit Flauberts Text in der Absicht, ihn zu illustrieren. In einem Skizzenbuch machte er Zeichnungen und Aquarelle, die er mit dem Entwurf für das Gemälde *Tierschicksale* abschloss (Abb. 17).[6]

Voraussetzung für die Realisierung seines Bildgedankens war die aktualisierte und intensivierte Auseinandersetzung Marcs mit der europäischen Avantgarde in den letzten Wochen des Jahres 1912. Die Sonderbund-Ausstellung in Köln bot ihm im September 1912 die Gelegenheit, die jüngsten Werke der französischen Kubisten und der deutschen Expressionisten zu sehen. In Paris war Marc wenige Wochen später tief beeindruckt von Robert Delaunays orphistischen Fensterbildern in dessen Atelier. Auf dem Rückweg stand er in der Futuristen-Ausstellung in Köln zum ersten Mal vor Originalen von Carlo Carrà, Umberto Boccioni und Gino Severini. Er war »rückhaltlos begeistert«[7] und adaptierte die dynamische Formensprache der italienischen Futuristen für sein Werk. Innerhalb weniger Wochen malte er im Frühjahr 1913 eine Reihe von großformatigen Bildern, deren transparente, geometrische Formen sich vielfach überlagern. Sie lassen eine spiegelnde Oberfläche voll innerer Bewegung entstehen. Die kristalline Struktur durchdringt die Darstellungen und löst die Binnenformen in einem Farbmosaik auf. Der Raum verunklart sich. Vorder- und Hintergrund scheinen auf der Ebene der Leinwand zusammenzufließen, sodass räumliche Tiefe nur noch diffus wahrnehmbar ist.

Besonders offensichtlich ist dieser Einfluss von Futurismus und Orphismus in Marcs Gemälde *Tierschicksale*. In seiner rot durchglühten, vielschichtigen Transparenz erinnert der Bildraum an einen Kirchenraum, in den Licht durch bunte Glasfenster dringt, ein Eindruck, der auf die Hauptquelle von Marcs Bildgedanken verweist: Am Schluss der Novelle nennt Flauberts Erzähler als Inspiration für sein Sprachkunstwerk ein Bild und schreibt, er habe »die Geschichte von Sankt Julian dem Gastfreien, ungefähr so, wie man sie auf einem Kirchenfenster in meiner Heimat findet« erzählt.[8] Unter dem Einfluss der kristallinen Malweise Delaunays und der italienischen Futuristen malte Marc die Apokalypse im Licht eines Kirchenraums und bezog sich wie Flaubert auf das mittelalterliche Glasfenster als dem ursprünglichen Erzählort der Heiligenlegende.

Nach diesen einführenden Gedanken nun zur Beschreibung des Gemäldes: Die Komposition von *Tierschicksale* wird durch zwei sich in der Bildmitte kreuzende Diagonalen bestimmt. Um ihren Kreuzpunkt herum entspinnt sich ein kompliziertes Netz von sich überschneidenden oder parallel laufenden Linien. In diese Struktur sind die Tiere eingewoben, deren Körper sich erst auf den zweiten Blick in dem spannungsvollen Gesamtbild zu erkennen geben.

*Tierschicksale* wird von der Farbe Rot beherrscht: Rot sind die blitzartigen Strahlen, die in das Bild dringen und die Tiere zu treffen drohen. Rot ist auch der gewaltige Baumstamm, der nach links niederstürzt und vor dem die Tiere sich in Sicherheit zu bringen suchen. Zwei Pferde, zwei Wildschweine und eine Gruppe von Rehkitzen sind diesem Inferno ausgeliefert. Sie stehen im Bann der bildbeherrschenden roten Diagonalen. Vor deren Kreuzpunkt bäumt sich ein blaues Reh schicksalsergeben auf. In seiner schmerzvollen Bewegung erinnert es an Darstellungen des Kreuzwegs Christi, auf denen der Heiland unter dem Kreuz fast zusammenbricht.[9]

Marc unterstreicht die tödliche Gefahr, die den Tieren droht, durch das Blut, das vom oberen Ende des Baumstamms rinnt, sowie durch die Einsicht in den transparent gewordenen Pferdekörper in Gestalt eines hell aufleuchtenden Dreiecks mit roten Adern. Das Sichtbarwerden der Adern und das Bluten des Baumes führen zurück zum ersten Titel, den Marc seinem Werk gab: *Die Bäume zeigten ihre Ringe, die Tiere ihre Adern.* Er notierte diese Worte als letzte Zeile eines Gedichts in seinem Skizzenbuch XXVIII[10] und schrieb sie dann über den doppelseitigen Entwurf für *Tierschicksale* im gleichen Heft (Abb. 17).[11] Diese Studie in Tusche und Aquarell bestimmte die Komposition und die Farbgebung des Gemäldes bis ins Detail. Die futuristische Zersplitterung der Formen, die kristalline Transparenz, die dynamische innerbildliche Bewegung wurden auf dem Gemälde weiter vorangetrieben.

Das Aquarell, der Entwurf zu *Tierschicksale*, steht am Ende einer Reihe von Darstellungen in seinem Skizzenbuch XXVIII (Abb. 7–17), anhand derer Marc die Illustration von Flauberts Erzählung *La légende de saint Julien l'hospitalier* plante. Die Novelle erzählt in ihrem ersten Teil, auf den Marcs Zeichnungen und Aquarelle sich beziehen, die Geschichte Julians, der schon als Kind lustvoll Tiere tötet und der zu einem grausamen Jäger wird. Sein Schicksal verdammt ihn schließlich dazu, seine Eltern zu töten. Wie auf dem Gemälde *Tierschicksale* dominiert in den Szenen in Marcs Skizzenbuch die Farbe Rot. Die Darstellung eines *Getöteten Rehs* (Abb. 13) ist blutrot, der Himmel nach der Jagd im Gebirge färbt sich rot (Abb. 10), und der Boden unter Julian zu Pferd (Abb. 16) ist rot wie eine Blutlache.[12] Marc folgt in seinen Entwürfen der roten Spur der Gewalt, mit der auch Flaubert Julians Lebensweg vorgezeichnet hat – von dem roten Blutfleck, den die kleine Maus, die Julian als Kind tötet, auf dem Kirchenboden hinterlässt, über den Himmel, der sich nach dem todbringenden Jagdtag des jungen Julian rot färbt wie ein blutgetränktes Tischtuch,[13] bis zur Szene des Elternmords. Die Blutflecken im Schlafgemach, in dem die Eltern Julians starben, werden ergänzt durch rote Reflexe eines farbigen Glasfensters, die sich bei Aufgang der Sonne über den Raum verteilen. Sie finden ein Echo im nächtlichen Himmel des Entwurfs für *Tierschicksale*, der von roten Flecken übersät ist, die wiederum auf die offengelegten, blutigen Ringe gefällter Bäume verweisen. Mit den roten Reflexen evoziert Marc erneut die geheimnisvoll durchleuchtete mittelalterliche Kathedrale, die sein Bild sowie die Erzählung Flauberts als gemeinsamer Raum hinterfängt – mit einer für beide Künstler jeweils anderen Konnotation.[14]

Auf zwei seiner Skizzen hat Marc Sätze aus der Novelle Flauberts notiert. Unter der Initiale D, die den Blick in ein

Schlafzimmer rahmt (Abb. 14), vermerkte er zunächst »La nuit il ne dormit pas«,[15] strich diese Zeile dann durch und schrieb stattdessen: »Réjouis toi ô mère, ton fils sera un saint«.[16] Die Zitate bezeichnen den Endpunkt des ersten Teils der Geschichte und seinen Beginn. Julians Eltern wird die Heiligung ihres Sohnes und sein Leben in weltlichem Glanz bei seiner Geburt vorausgesagt. Sein Schicksal nimmt zunächst jedoch eine dramatische Wendung. Julian verfällt einem sadistischen Jagdfieber, tötet gefühllos alle Tiere, die seinen Weg kreuzen und erlegt schließlich im Blutrausch eine Herde von Rotwild, wodurch eine übersinnliche Erscheinung heraufbeschworen wird: Ein großer Hirsch – eine traditionelle Figuration Jesu Christi – weissagt dem grausamen Jäger, er werde Vater und Mutter töten. Marcs Interesse, so geben seine Skizzen zu erkennen, war auf die Brutalität des Jägers gerichtet, die der Unschuld der Tiere gegenübergestellt wird. Es konzentrierte sich auf das Massaker. Am Ende des mythisch anmutenden Jagdtags lehnt Julian erschöpft an einem Baum, betrachtet den roten Himmel und begreift kaum, dass er dieses Blutbad hat anrichten können. Auch diese Szene zeichnete Marc in sein Skizzenbuch (Abb. 12). Die lavierte Tuschzeichnung zeigt den in sich zusammengesunkenen Jäger: »Julien s'adossa contre un arbre«, überschrieb Marc sie, und in Flauberts Text heißt es weiter: »Il contemplait d'un œil béant l'énormité du massacre, ne comprenant pas comment il avait pu le faire.«[17]

Als Franz Marc an der Front, im Frühling 1915, eine Postkarte mit der Schwarz-Weiß-Abbildung von *Tierschicksale* erhielt, reagierte er zutiefst bewegt auf das Bild – und ebenso ungläubig wie Julian beim Anblick der zahllosen, von seiner Hand getöteten Tiere: »Es ist wie eine Vorahnung dieses Krieges, schauerlich und ergreifend; ich kann mir kaum vorstellen, daß ich das gemalt habe!«[18] Das Massaker in der Erzählung Flauberts, die Apokalypse seines Gemäldes und die Schlachtfelder des Ersten Weltkriegs überlagern sich in Marcs Blick auf sein Werk, das ihn zugleich befremdet und ihm im Rückblick seinen eigentlichen Sinn zu enthüllen scheint. Er malte den Weltuntergang, den er vor Verdun selbst durchleben musste, als Maler und als Soldat in der Hoffnung auf Erlösung.[19]

Vor der öffentlichen Ausstellung des Gemäldes im *Ersten Deutschen Herbstsalon* 1913 in der Berliner Galerie Der Sturm[20] entschloss Marc sich, auf Anregung von Paul Klee,[21] sein Bild von *Die Bäume zeigten ihre Ringe, die Tiere ihre Adern* in *Tierschicksale* umzubenennen, ein Titel, der die dargestellte Apokalypse neutralisierte. Er verwandelte den vom Leiden zur Läuterung führenden Weltenbrand in das neutral betrachtete Schicksal von Tieren, eine entdramatisierende Sichtweise, die Klee entsprach und die ihn von Marc trennte. Die Marc entgegengesetzte Haltung Klees wird zwei Jahre später, in der Korrespondenz der beiden Maler im Krieg deutlich. Klee antwortete Marc skeptisch auf dessen Überzeugung, der Krieg sei als Opfergang zur Erneuerung der europäischen Kultur notwendig und nach dem Krieg müsse man *konstruktive*, zukünftige Bilder malen, indem er schrieb:

> »Wenn Du auch den Krieg in einen Wesenszusammenhang mit der zukünftigen Kunst bringst, habe ich doch den Wunsch er möchte jetzt zu Ende sein. schon aus Ungeduld, an Deinen thaten zu sehn wo Du hinaus willst. wenn Du Dann Bilder malst die in neuer Weise gut sein werden will ich gewiss glauben, dass er mit seinem Feuer auch positive Wirkungen gehabt hat.«[22]

Marc schenkte Klee als Dank für seinen Rat eine große Gouache, *Noah mit den Füchsen* (Abb. 3),[23] das Pendant zu einem gleich anschließend entstandenen Aquarell im gleichen Format, das den heiligen Julian zeigt, überschrieben mit: *La Légende de St. Julien l'hospitalier* (Abb. 4).[24] Mit den beiden Aquarellen teilte Marc sich und Klee unterschiedliche Rollen zu. Klee als Noah bewahrt einen Teil der Schöpfung vor der Sintflut und ermöglicht vorausschauend ihr

3 Franz Marc, *Noah mit den Füchsen*, 1913, Tusche, laviert, und Aquarell, 46,4 × 39,8 cm, Kochel a. See, Franz Marc Museum

4 Franz Marc, *Der heilige Julian*, 1913, Aquarell, Gouache und Bronzestaub auf Papier, 46 × 40,2 cm, New York, Solomon R. Guggenheim Museum

Wiederaufleben. Marc als Julian durchlebt mit den Tieren, denen er »menschlich zugeneigt ist«, den gemeinsamen Unter- und Opfergang als Voraussetzung einer Neuschöpfung. Die Vorstellung einer Reinigung durch Vernichtung und Opfer war Klee fremd. Auch Marcs Übertragung dieses Gedankens auf den Ersten Weltkrieg, in dem »krankes Blut zur Reinigung des europäischen Geistes«[25] vergossen werde, konnte Klee nicht folgen, wie die Korrespondenz der beiden Freunde bezeugt.[26]

Marc als Julian überlagert auf dem großformatigen Aquarell die Figur des Jägers durch die des Kriegers und erweitert die Bedeutungsfacetten der Figur Flauberts,[27] indem er Jagd, Apokalypse und Krieg in einen direkten Zusammenhang stellt. Die Verschlossenheit des steif auf seinem Pferd sitzenden Julian mit preußischer Pickelhaube, der unberührt durch eine blutüberströmte Landschaft mit kahlen Baumstämmen reitet, kontrastiert mit der Emotionalität der Tiere in ihrer Angst bei seinem Anblick. Sie werden seine Opfer sein, und Marc wird wie Julian zum Mörder und – in seiner Lesart der Novelle Flauberts – zum Erlöser. Die durch ihn bewirkte Transformation des irdischen Verhaftetseins ins Spirituelle unterstreicht Marc, indem er Pferd und Reiter ganz in Blau erscheinen lässt, der Farbe, die für ihn das Geistige bezeichnet. Marc präsentiert sich als Vertreter einer Menschheit, die verworfen und unmoralisch ist, so eine im Expressionismus in den Jahren vor dem Ersten Weltkrieg herrschende Ansicht. Die Tiere, unschuldig und instinktiv dem Guten zugewandt, sind sein Gegenbild.[28] Er wird mit ihnen durch die selbst heraufbeschworene Apokalypse gehen: »Und alles Sein ist flammend Leid«, wie Marc auf die Rückseite von *Tierschicksale* schrieb.[29] Dieser Leidensweg ist die Bedingung für eine Neuerschaffung der Welt.

Mit dem Bildtitel *Die Bäume zeigten ihre Ringe, die Tiere ihre Adern,* mit der Metapher von der Innenschau der Pflanzen und Tiere und mit der Evokation von Verletzung und Blut schloss Marc an die ursprüngliche künstlerische

Intention seines Œuvre an und verkehrte sie zugleich in ihr Gegenteil. 1910 hatte er als sein Ziel die »Animalisierung« der Kunst definiert, der er im Tierbild Ausdruck verleihen wollte.

> »Ich suche mein Empfinden für den organischen Rhythmus aller Dinge zu steigern, suche mich pantheistisch einzufühlen in das Zittern und Rinnen des Blutes in der Natur, in den Bäumen, in den Tieren, in der Luft [...]; suche das zum Bilde zu machen, mit neuen Bewegungen und mit Farben, die unseres alten Staffeleibildes spotten.«[30]

Die Einfühlung in das Empfinden des Tiers bis in das Kreisen seines Blutes, der Wunsch, die Welt durch die Augen des Tiers zu sehen, entsprachen einer vor dem Ersten Weltkrieg verbreiteten Überhöhung des Tiers als eines reinen und unschuldigen Wesens im Gegensatz zum unmoralischen, durch die Moderne verdorbenen Menschen. Diese durch Marcs intensive Nietzsche-Lektüre[31] gestützte Vision war Grundlage für das von ihm entwickelte Tierbild. Das emotionalisierte und anthropomorphisierte Tier[32] wurde zum Protagonisten einer rückwärtsgewandten Utopie, die Mensch und Tier und überhaupt alles »Sein« in einer paradiesischen Natur vereint sah. Mit Beginn des Jahres 1913 erwies sich diese Konzeption für Marc als obsolet. In der spannungsgeladenen Atmosphäre vor dem Ersten Weltkrieg[33] hielten zunehmend apokalyptische Motive Einzug in sein Werk. Eine stilistische und atmosphärische Richtungsänderung kündigte sich an, die auf Skizzen, Aquarellen und Gemälden zum Ausdruck kam, die sterbende Tiere, einstürzende Berge, gewaltige Unwetter zeigen.[34]

Gedanklich entwickelte Marc *Tierschicksale*, sein großes Bild der Apokalypse, während einer im Frühjahr 1913 unternommenen Reise ins idyllische Südtirol.[35] Die Erzählung Flauberts und ihr Held Julian begleiteten ihn und prägten nicht nur die märchenhaft anmutenden Landschaftszeichnungen in seinem Skizzenbuch. Die erneute Lektüre der Geschichte vom heiligen Julian inspirierte Marc zu seinem Illustrationsprojekt und führte mit dem daraus entstehenden Gemälde *Tierschicksale* zu einer Zäsur, die den Übergang zu einer weiter vorangetriebenen Abstraktion markiert. Dieser Transformation ins Spirituelle fielen die Tiere, die auf dem Gemälde *Tierschicksale* aus der Schöpfung getilgt werden, schließlich in seinem gesamten Werk zum Opfer:

> »Der unfromme Mensch, der mich umgab, (vor allem der männliche) erregte meine wahren Gefühle nicht, während das unberührte Lebensgefühl der Tiere alles Gute in mir erklingen ließ und vom Tier weg leitete mich ein Instinkt zum Abstrakten, das mich noch mehr erregte; zum Zweiten Gesicht, das ganz indisch-unzeitlich ist und in dem das Lebensgefühl ganz rein klingt. Ich empfand schon *sehr* früh den Menschen als häßlich; das Tier schien mir schöner; reiner; aber auch an ihm entdeckte ich so viel gefühlswidriges und häßliches, so daß meine Darstellungen instinktiv, (aus einem inneren Zwang) immer schematischer, abstrakter wurden.«[36]

Dieser 1915 im Krieg formulierte Rückblick Marcs auf sein Werk erklärt, warum die Legende vom heiligen Julian zur Inspiration für ein Gemälde werden konnte, das einen Wendepunkt markierte und eine Neuorientierung für Marc möglich machte. Flauberts Geschichte von Schuld und Erlösung wird so erzählt, dass sie sich mit Marcs Gedankenwelt verbinden und von ihm zu Bildern formen ließ. Die mittelalterliche Idylle, die Schönheit der gebirgigen Landschaft, die Unschuld der Tiere und die Grausamkeit der Menschen fügen sich im ersten Teil der Erzählung Flauberts zu einem Kosmos, der die ›unheilige‹ Zeit, in der Marc zu leben glaubte, spiegelt. Das geheimnisvoll leuchtende Glasfenster der mittelalterlichen Kathedrale, das als Ausgangspunkt für Flauberts Novelle genannt wird, war für Marc das Symbol einer Epoche, in der Kultur und Natur noch eins waren.[37] Seine Transparenz und kristalline Farbigkeit verbanden sich mit Delaunays *Fenêtres* (Fensterbildern) zur Grundlage einer Abstraktion, in der Tiere und Menschen für Marc nach der Zerstörung ihrer ›hässlichen‹, individuellen Form in reiner Spiritualität aufgehoben waren.

5 Franz Marc, *Turm der blauen Pferde*, 1913, Öl auf Leinwand, 200 × 130 cm, verschollen

6 Franz Marc, *Tierschicksale*, 1913, Öl auf Leinwand, 195 × 263,5 cm, Basel, Kunstmuseum

7 Franz Marc, *Schiff mit Kruzifixus und sitzendem Leoparden (Kreuzfahrende im Sturm)*, 1913 (aus: Skizzenbuch XXVIII, S. 15), Aquarell und Tusche, 12,8 × 14 cm, Kochel a. See, Franz Marc Museum

8 Franz Marc, *Schild mit blauem Eber*, 1913 (aus: Skizzenbuch XXVIII, S. 15a, recto zu S. 15), Aquarell, 16,5 × 13 cm, Kochel a. See, Franz Marc Museum

9 Franz Marc, *Drei farbige Rehe*, 1913 (aus: Skizzenbuch XXVIII, S. 16), Aquarell über Bleistift, 16,5 × 13,1 cm, Privatbesitz

10 Franz Marc, *Liegender Hund in düsterer Landschaft*, 1912/13 (aus: Skizzenbuch XXVIII, S. 17a), Tempera, 16,5 × 13 cm, Privatbesitz

11 Franz Marc, *Hundestudien*, 1912/13 (aus: Skizzenbuch XXVIII, S. 18a), roter Farbstift, Aquarell und Deckweiß, 16,5 × 13 cm, Nürnberg, Germanisches Nationalmuseum

12 Franz Marc, *Julien s'adossa contre un arbre*, 1913 (aus: Skizzenbuch XXVIII, S. 19), Bleistift und Tusche, laviert, 16,5 × 13 cm, Privatbesitz

13 Franz Marc, *Getötetes Reh*, 1913 (aus: Skizzenbuch XXVIII, S. 20), Aquarell und Gouache über Tusche, 16,3 × 13 cm, Kochel a. See, Franz Marc Museum

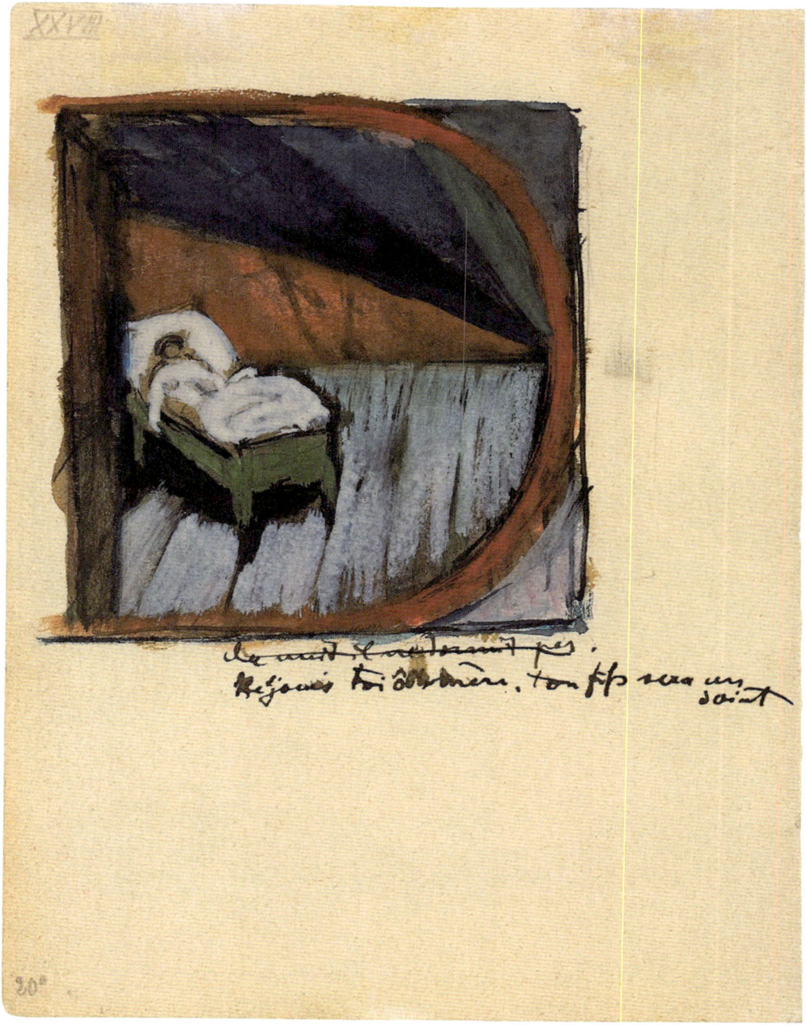

14 Franz Marc, *Initiale »D« (Réjouis toi ô mère, ton fils sera un saint)*, 1913 (aus: Skizzenbuch XXVIII, S. 20a, recto zu S. 20), Tusche und Gouache über Bleistift, 16,5 × 13 cm, Kochel a. See, Franz Marc Museum

15 Franz Marc, *Mandolinenspieler, stilisiert*, 1912/13 (aus: Skizzenbuch XXVIII, S. 22a), Aquarell über Bleistift, 16,5 × 13 cm, Nürnberg, Germanisches Nationalmuseum

16 Franz Marc, *Der heilige Julian*, 1913 (aus: Skizzenbuch XXVIII, S. 33), Gouache und Tusche über Bleistift, 16,4 × 13 cm, München, Bayerische Staatsgemäldesammlungen

17 Franz Marc, *Der heilige Julian (Vorstudie zu Tierschicksale)*, 1913 (aus: Skizzenbuch XXVIII, S. 34/35, verso zu S. 33), Aquarell, Gouache, Tusche und Kreide über Bleistift, 16,4 × 26 cm, München, Bayerische Staatsgemäldesammlungen

# Franz Marc illustriert Gustave Flauberts *Heiligen Julian*

Barbara Vinken

Franz Marc hat ein Jahr vor dem Ersten Weltkrieg angefangen, eine Geschichte von Gustave Flaubert zu illustrieren, *Die Legende von Sankt Julian dem Gastfreien* (*La légende de saint Julien l'hospitalier*). Für Marc wurde diese Legende mit ihrer kosmischen Abschlachterei, über der ein blutroter Himmel aufgeht, bereits vor dem Ersten Weltkrieg zur Folie, auf der er diesen als ein notwendiges Blutopfer zur Reinigung Europas und der Menschheit interpretierte. Die Vertierung des Menschlichen, die Vermenschlichung des Tierischen, die für Flauberts Version der Legende zentral sind, legen diese Deutung nahe. Marc veranschaulichte das Blutopfer nicht am Beispiel von Menschen, sondern zur selben Zeit, als er die Legende illustrierte, an dem von Tieren, wie das Bild *Tierschicksale* (1913; Abb. 6) zeigt. Dort werden Tiere und Bäume durch ein Strahlengewitter vernichtet. Flauberts *Saint Julien* war in Deutschland zu Marcs Zeit kein Unbekannter, sondern ein beliebter Gegenstand, der in den *Tierschicksalen* eine eindrucksvolle Verallgemeinerung erfahren hat.

Zunächst die Geschichte: Der adlig geborene Julian ist ein großer Jäger vor dem Herrn, aber mehr noch wider ihn. In einem unglaublichen Massaker an Hirschen erschießt er schließlich eine Hirschfamilie: zuerst das Kind, dann die Mutter, zuletzt den Vater. Der Hirschvater prophezeit ihm sterbend: »Sei verflucht! verflucht! verflucht! Eines Tages, grausames Herz, wirst du deinen Vater und deine Mutter ermorden!« Julian entsagt daraufhin der Jagd. Vor dem Fluch fliehend, verlässt er das elterliche Schloss; er wird Führer eines Söldnerheers und ein großer Kriegsherr. Als

Dank für seine Kriegstaten gibt ihm der Kaiser von Okzitanien seine Tochter zur Frau. Trotzdem entgeht Julian dem Schicksal des Elternmords nicht. Denn die Eltern machen sich auf den Weg, um ihr erstgeborenes und einziges Kind wiederzufinden. Nach langen Wanderungen kommen sie zu Julians Schloss. Als sie dort eintreffen, ist ihr Sohn zum ersten Mal wieder auf Jagd gegangen, und Julians Frau überlässt den alten Leuten mitfühlend ihr Ehebett. Julian, der im Morgengrauen zurückkehrt, erkennt seine Eltern nicht, wähnt einen Fremden im Bett seiner Frau und metzelt Vater und Mutter nieder – nach erfolgloser Jagd, wohlgemerkt, nach Blut lechzend. Der Fluch des abgeschossenen Hirschs hat sich erfüllt.

Dann kommt es zur Umkehr: Julian tut Buße, verlässt alles, zieht elend an das Ufer eines großen Flusses und setzt dort in einem alten Kahn unter Lebensgefahr Reisende über den Fluss. Eines Nachts hört er vom anderen Ufer eine Stimme rufen und findet einen halb erfrorenen Leprakranken. Er bringt ihn trotz des Sturms über den Fluss und teilt mit ihm, was er hat: sein Essen, sein Bett, seine Körperwärme. Der Leprakranke ersteht im Glanz der Herrlichkeit. Denn es ist der Herr Jesus selbst, der Julian in den Himmel trägt.

Während die Jagd in Flauberts Vorbild, der *Legenda aurea* des Jacobus de Voragine, keine tragende Rolle spielt, tritt sie hier in den Vordergrund. Nie ist eine Jagd als eine solch sadistisch-lustvolle Schlächterei, als ein solch kosmischer Blutrausch beschrieben worden. Flauberts Legende handelt von einem Heiligen, der, gezeichnet, dazu ausersehen ist, die Schöpfung zu ›ent-schöpfen‹. Sein Jäger tut das Gegenteil dessen, was der Schöpfer tat. In Gestalt der Hirschfamilie bringt er die Heilige Familie um – der Hirsch ist Symbol Christi. Nachdem er die Schöpfung und den Schöpfer vernichtet und im Mord an den Eltern den eigenen Ursprung zerstört hat, tut er Buße und wird erhört. Aus dem schlimmsten Schlächter, der die Sünde der Sünden, den Eltern- und Gottesmord, auf sich geladen hat, wird ein Heiliger.

Im Unterschied zu Franz Marc interessierte sich Rainer Maria Rilke nicht für die Schlächtereien Julians, dessen wollüstigen Blutrausch, sondern für seine sich entäußernde Liebe. Im heiligen Julian, aber auch in Flaubert selbst, sah Rilke eine »äußerste Liebesmöglichkeit« realisiert. Für Rilke verkörpern Julian wie auch Flaubert in seiner angenommenen Nachfolge das Ideal des Künstlers:[1]

> »Flaubert, als er die Legende von Saint-Julien-l'hospitalier mit so viel Umsicht und Sorgfalt wiedererzählte, gab ihr diese einfache Glaubwürdigkeit mitten im Wunderbaren, weil der Künstler in ihm die Entschlüsse des Heiligen mitbeschloss und ihnen glücklich zustimmte und zurief. Dies Sich-zu-dem-Aussätzigen-Legen und Alle-eigene-Wärme-, bis zu der Herzwärme der Liebesnächte, mit-ihm-Teilen: Dies muss irgendwann im Dasein eines Künstlers gewesen sein, als Überwindung zu einer neuen Seligkeit.«[2]

Nicht im Schlachten, sondern im Lieben noch des Verworfenen tritt der Künstler – und damit meint Rilke hier gerade Flaubert – in die *imitatio Christi* ein.

Auch Heinrich Campendonk wandte sich der Julian-Legende Flauberts zu. Auch er rückte nicht das Motiv der zerstörerischen Abschlachtung ins Zentrum, sondern wählte eine Episode aus dem schon heiligmäßigen letzten Teil, in dem Julian den Leprakranken über den Fluss setzt (Abb. 18). Seine Bildunterschrift hebt das bei Flaubert aufgegriffene Christophorus-Motiv hervor und unterstreicht so das Heilig-Rettende: »Der Heilige Julian trägt Christus über das Meer«. Im Bild ist der direkte Bezug auf Flauberts Text aber besser und entgegen diesem Titel daran zu erkennen, dass Julian wie bei Flaubert den im Kranken verborgenen Christus nicht trägt, sondern im Boot über den Fluss rudert.

Marc faszinierten dagegen – die fertiggestellten Illustrationen könnten expliziter nicht sein – die alles zerstörenden,

18 Heinrich Campendonk, *Der heilige Julian trägt Christus über das Meer*, 1915, Tempera, 53,6 × 40,7 cm, Privatbesitz

die ganze Welt in ein Blutbad verwandelnden Mord- und Jagdszenen. Diese Jagd geht bei Flaubert von Sonnenaufgang bis Sonnenuntergang, sie ereignet sich allumfassend überall auf der Welt. Julian ist während seiner Jagden außer sich, wie von Sinnen. Er weiß nicht, was er tut und wie ihm geschieht. Wie im Traum befindet er sich außerhalb von Zeit und Raum. Als ein Anti-Adam benennt er nicht die Tiere, sondern tötet sie, als ein Anti-Noah rettet er sie nicht, sondern vernichtet sie. Das kosmische Ausmaß der Zerstörungsorgie wird in Marcs *Tierschicksalen* durch einen blutroten Himmel untermalt und durch Pfeile, die wie in Flauberts Legende als Gewitter niederprasseln, dramatisiert. Menschen und Tiere sind austauschbar wie in der legendenhaft vermenschlichten Hirschfamilie, die Flauberts Julian auslöscht. Wie bei Flaubert kommt der Jagd bei Marc also eine allegorische Funktion zu. Für Marc ist sie durchgängige Metapher des Blutopfers, als das er den Ersten Weltkrieg begriff. Das Bild der *Tierschicksale*, das gleichzeitig mit den Illustrationen zum *Heiligen Julian* 1913, im Jahr vor Kriegsausbruch, entstand, veranschaulicht die symbolische Zerstörung der Schöpfung, wie sie in Flauberts Legende gestaltet ist, durch die Vernichtung der Pflanzen- und Tierwelt. Das Bild sollte zuerst *Die Bäume zeigten ihre Ringe, die Tiere ihre Adern* heißen: Der totale Aspekt der Zerstörung der Kreatur wird in Flora und Fauna – an den Ringen der Bäume, den Adern der Tiere – im Innersten hervorgehoben. Sie weisen, wie in den Legenden, die Wunden vor, Zeichen ihres innersten Getroffenseins.

Es geht in den *Tierschicksalen* nicht einfach um die Zerstörung von Tieren im Wald. Marc malt die dem Untergang geweihte Welt, eine Welt im Vollzug der kosmischen Zerstörung, eine Apokalypse. In einem mythischen Wald geht auf die Hirsche ein Blitzgewitter nieder, Feuer fällt vom Himmel, das rasend um sich greift und alles erfasst. Es ist in gewisser Weise ein blendend schönes Feuer, von strahlender Pracht; es durchglüht die Tiere und macht sie im Augenblick der

Zerstörung durch und durch sichtbar. Baumstümpfe, Reste zerstörter Bäume ragen aus dem brennenden Unterholz; die Tiere schreien in Angst, rennen vor dem Unausweichlichen davon oder fügen sich in ihren Tod.

Nachträglich, nach Ausbruch des Krieges, hat Marc in diesem Bild, auf dessen Rückseite er »Und alles Sein ist flammend Leid« notiert hatte, eine Vorahnung des Ersten Weltkriegs erkannt; er habe es wie in Trance gemalt.[3] Sein Galerist schickte ihm eine Postkarte mit dem Bild an die Front. Marc schrieb daraufhin an seine Frau Maria:

> »Bei ihrem Anblick war ich ganz betroffen und erregt. Es ist wie eine Vorahnung dieses Krieges, schauerlich und ergreifend; ich kann mir kaum vorstellen, daß ich das gemalt habe! [...] Es ist von einer künstlerischen Logik, solche Bilder *vor* dem Kriege zu malen, nicht als dumme Reminiszenz nach dem Kriege. Da muß man *konstruktive*, zukünftige Bilder malen, keine Erinnerungen, wie es meist Mode ist.«[4]

Marc, 1914 kurz nach Kriegsbeginn eingezogen, starb zwei Jahre später vor Verdun. Es ist eigenartig, aus heutiger Perspektive schier unglaublich, dass er den eigenen Tod ebenso wenig ins Auge gefasst hat wie eine Niederlage Deutschlands. Felsenfest ging er davon aus, dass er die Kunst nach dem Krieg als eine neue Kunst mitgestalten würde.

Marcs bildliche Interpretation des großen Krieges entstand, bevor das Ereignis eintrat. Er sah den Krieg von vornherein in seinem Verhältnis zur Kunst: Dieser ist der Preis, der für eine von Grund auf erneuerte Kunst zu entrichten ist. Für Marc musste diese Kunst nicht nur Einzelnen wehtun, sondern sie forderte ein gigantisches Blutopfer der Europäer. Seine Äußerungen sind heute, nach einem weiteren Krieg, nach der Fortsetzung des Ersten in einem Zweiten Weltkrieg, erschreckend und passen nicht zu der nach diesem Grauen fast sprichwörtlich friedfertigen Aura, die Marcs

Bilder, seine Tierbilder vor allem, auszustrahlen scheinen. Dabei war Marcs Haltung zum Krieg innerhalb des Diskurses der Zeit ausgesprochen gemäßigt. Die gängige nationale Einstellung fand er ebenso beschränkt wie schädlich. Jeden zerstörerischen Impuls, etwa den erklärten Willen einiger Schreiber, alles Französische vernichten zu wollen, brandmarkte er. Eine nationalistische, gleichermaßen sexistische wie xenophobe Sicht des Krieges, wie sie der Kunsttheoretiker Wilhelm Worringer propagierte, wonach deutsche Männlichkeit den Kampf gegen französisch-weibische Hysterie aufzunehmen habe, wies er zurück.[5] Es ging ihm um den »europäischen Gedanken«, um eine Selbstreinigung Europas:

> »Man stellte für den jetzigen Krieg [...] die dualistische Theorie des ›Geschlechterkampfes‹ auf, als wäre es ein Kampf des männlichen Prinzips gegen das weibliche, unsres männlichen Rechtsgefühls gegen die weibliche Hysterie unsrer Gegners. Leider verdirbt [...] man sich den Wert dieser allzu verlockenden Problemstellung durch die Unentschlossenheit, mit der [...] man hinter dem politischen an der deutschen Nation stehen bleibt, statt das Problem auf den europäischen Gedanken einzustellen. Eher wäre es angemessen zu sagen, daß Europa durch diesen blutigen Ausgang der Waffen die eigne Hysterie überwinden, die [...] giftigen und brüchigen Elemente, die dem alternden, in die Irre, Enge gegangenen Europa anhaften, ausstoßen will. Es ändert an dieser Problemstellung und Erweiterung nichts, daß die mannhaftesten Elemente Europas, nämlich die deutschen, auch den mannhaftesten, siegesgewissesten Anteil an diesem Drama haben. [...] Der Europäer kämpft in diesem Kriege um seine Gesundung und Zukunft, mit Worringer zu reden, gegen die Hysterie und die alternden verkalkenden Elemente seines Leibes.«[6]

Marc erachtete den Krieg zugleich als Bedingung der Möglichkeit einer endlich neuen Kunst.

> »Ja, wenn der Krieg einmal vorbei ist, – was wird dann aus Deutschland? Wird es neben dem politischen Deutschland auch ein künstlerisches geben? Wir haben in den letzten Jahren vieles in der Kunst und im Leben für morsch und abgethan erklärt und auf neue Dinge gewiesen. Niemand wollte sie. Wir wußten nicht, daß so rasend schnell der große Krieg kommen würde, der über alle Worte weg selbst das Morsche zerbricht, das Faulende ausstößt und das Kommende zur Gegenwart macht. [...] Durch diesen großen Krieg wird mit vielem anderen, das sich zu Unrecht in unser zwanzigstes Jahrhundert hinübergerettet hat, auch die Pseudokunst ihr Ende finden, mit der sich der Deutsche bislang gutmütig zufriedengegeben hat. Der Drang der Deutschen, formbildnerisch neues in Musik, Dichtung und Kunst aufzunehmen, war in der letzten Generation so gering, daß man sich die schlechtesten und fadenscheinigsten Wiederholungen alter guter Kunstformen gefallen ließ. Das Volk als Ganzes ahnte wohl den großen Krieg sicherer als der Einzelne und spannte alle seine Nerven nach ihm. [...] Das Volk ahnte, daß es erst durch den großen Krieg gehen mußte, um sich ein neues Leben und neue Ideale zu formen. Es behielt recht mit seinem Unwillen, in elfter Stunde neue Kunstideen aufzunehmen. Man sät nicht feinen Samen, wenn ein Sturm am Himmel steht. [...] Denn wenn das große Aufatmen kommt wird der Deutsche auch wieder nach seiner Kunst fragen, ohne die er in keiner reifen Zeit war. [... H]eute besorgen wir [die Deutschen; Anm. d. Verf.] das Letzte: diesen entsetzlichen Krieg.«[7]

Nach diesem entsetzlichen Krieg, so hoffte Marc, »werden wir das neue Jahrhundert mit unserm formbildnerischen Willen durchsetzen«.[8] Er sah den Expressionismus als Pendant zur Gotik. Wie viele andere erblickte auch Marc aus damals wie heute unbegreiflichen Gründen in der Gotik den deutschen Stil *par excellence*, in dem Deutschland zum letzten Mal in europäischem Maßstab führend gewesen war. Für diese bizarre Annahme war Goethes Aufsatz zum Straßburger Münster *Von deutscher Baukunst* (1773) verantwortlich, der nachwirkte. Indessen standen die Kathedralen wie Notre-Dame in Paris oder jene in Saint-Denis, Reims, Chartres den in Belgien und Frankreich Einmarschierenden vor Augen. »Wie früher einmal Frankreich das Herz Europas war«[9] lag unübersehbar vor ihnen und stimmte Marc zu Recht nachdenklich:

> »Soll der Krieg uns das bringen, was wir ersehnen und das in einem Verhältnis zu unseren Opfern steht – der Atem stockt vor dieser Riesengleichung – wird sie aufgehen? –, so müssen wir Deutschen nichts leidenschaftlicher meiden als die Enge des Herzens und des nationalen Wollens. Sie verdürbe uns alles. Wer hat, dem wird gegeben werden. Nur mit dieser Devise werden wir auch geistig Sieger bleiben und die ersten Europäer sein. Der kommende Typ des Europäers wird der deutsche Typ sein; aber zuvor muß der Deutsche ein guter Europäer werden.
>
> Das Deutschtum wird nach diesem Kriege über alle Grenzen schwillen. Wenn wir gesund und stark bleiben und die Frucht unseres Sieges nicht verlieren wollen, brauchen wir eine ungeheure Saugkraft und einen Lebensstrom, der alles durchdringt, ohne Angst und Bedenken vor dem Fremden, Neuen, das uns unsre Machtstellung in Europa bringen wird. Wie früher einmal Frankreich das Herz Europas war, wird es von nun an Deutschland sein, wenn es sich nicht durch nationale Engherzigkeit um die Frucht seiner Siege bringt. [...] Haben die maurisch-französischen Einflüsse der deutschen Gotik geschadet?«[10]

Krieg: ein eigenartiges moralisches *exercitium* zum Zwecke einer neuen Kunst; kein Überlebenskampf zwischen Nationen, sondern ein erhabener Opfergang für alle. Man kämpft nicht gegen einen Feind, sondern bringt mit dem Feind ein gemeinsames Opfer: »Niemand glaubte mehr im Ernste an solche homöopathische Heilung unsrer europäischen Krankheit. Es gab nur eine Rettung, das uralte Mittel des Blutopfers. Der Instinkt der Massen hat den Sinn begriffen und riss ein Volk nach dem andern in den mörderischen Krieg.«[11] Es geht nicht um einen nationalen Sieg, sondern um eine individuelle und europäische Reinigung von allem Dekadenten. Nicht um die rationale Verteidigung ökonomischer Interessen und nicht um Deutschlands »Platz an der Sonne«[12] wird gekämpft. Nach dem religiösen Muster der Erbsünde gilt es, ein durch und durch korrumpiertes Europa durch ein erlösendes Blutopfer zu reinigen: »Europa ist krank am alten Erbübel und will gesund werden, darum will es den furchtbaren Blutgang.«[13] Darin seien sich die Europäer einig, nationales »Gekläffe« fehl am Platz, dieser Krieg trenne nicht, er verbinde: »Denn in diesem Kriege kämpfen nicht, wie es in den Zeitungen steht und wie die Herrn Politiker sagen, die Zentralmächte gegen einen äußeren Feind, auch nicht eine Rasse gegen die andre, sondern dieser Großkrieg ist ein *europäischer Bürgerkrieg, ein Krieg gegen den inneren, unsichtbaren Feind des europäischen Geistes.*«[14] Und weiter: »Wir wollen, daß das entsetzliche Blutopfer des europäischen Bruderkrieges nicht umsonst gebracht wird.«[15] Dass dieser Krieg notwendig sei, darin stimmten sogar die Engländer ein: »Welcher Europäer möchte heute den Krieg ungeschehen wissen? Nicht einmal der Engländer! Das Volk hat Instinkt. Es weiß, daß der Krieg es reinigen wird. *Um Reinigung willen wird der Krieg geführt und das kranke Blut vergossen.*«[16] Es war Marcs Überzeugung, dass »die guten Dinge [...] geläutert und gestählt durch das Fegefeuer des Krieges« gehen.[17]

Marc und mit ihm viele Europäer erklärten mit der Notwendigkeit des »uralte[n] Mittel[s] des Blutopfers«[18] *de facto* das Scheitern der christlichen Religion. Deren weltumwälzende Neuerung hatte vor Zeiten ja darin gelegen, dass Christus als Lamm Gottes und letzter Sündenbock die Sündenlast der Welt auf sich nahm. Danach sind keine Opfer mehr nötig, denn die Menschheit ist reingewaschen vom »Erbübel«: Tier- und Menschenopfer sind überflüssig. Marc war nicht der Einzige, der die christliche Zeitenwende, die frohe Botschaft einer neuen, einer anderen Zeit bezweifelte. Mit der Vorstellung vom notwendigen neuen Blutopfer stand er vor dem Ersten Weltkrieg in den Avantgarden nicht allein da. Besonders pointiert propagierte Filippo Tommaso Marinetti den Krieg als die einzig mögliche Hygienemaßnahme zur Reinigung der Welt von allem Dekadenten. Sehr viel präziser noch als Marc rief Marinetti den christlichen Bezugsrahmen auf, den er buchstäblich verkehrte. Auf der impliziten Folie der Eucharistie beschreibt er den Krieg als deren Verkehrung: Brot und Wein, die Verwandlung des Erlösers in Fleisch und Blut, werden rückverwandelt, die Soldaten werden als Ährengarben zum Himmel spritzendes, lebendiges Blut – so Marinetti in seinem mit »Lasst uns das Mondlicht töten« überschriebenen futuristischen Manifest:

> »Seht dort unten, die Ährengarben, millionenhaft zur Schlacht geordnet. [...] Diese Garben, agile Soldaten mit scharfen Bajonetten, verherrlichen die Kraft des Brotes, das sich in Blut verwandelt, um bis zum Zenit hochzuspritzen. Ihr wisst ja, dass das Blut nur Glanz und Wert hat, wenn es mit Eisen und Feuer aus dem Gefängnis der Arterien befreit ist.«[19]

Christi Blut, sagt Marinetti mit diesem Vergleich implizit, hat die Flecken der Erbsünde nicht abgewaschen, die Schöpfung ist nicht erlöst. Das Liebesopfer, das alle Menschenopfer aufheben sollte, war umsonst. Es bedarf eines mittels

Blutopfers läuternden Krieges, um die Dekadenz Europas zu überwinden. Marinetti badet triumphal in diesem neuen Blutopfer. Marc nimmt es als die schreckliche, aber unabänderliche Bedingung eines durch die Kunst erneuerten Lebens hin:

> »Wir, die draußen im Felde stehen, fühlen am tiefsten, daß diese grauenvollen Monate nicht nur – physiologisch geredet – eine politische Kräfteverschiebung bedeuten werden, sondern geistig gesehen ein tiefes völkergemeinschaftliches Blutopfer darstellen, das alle um eines gemeinsamen Zieles willen bringen.«[20]

Die morsche alte Religion soll durch einen neuen europäischen Geist unter deutscher Führung ersetzt werden. Wenn es um die Beschreibung der neuen europäischen Religion geht, die aufragen soll über den Ruinen der alten, wird Marc vage und spricht in fatalem Anklang an Nietzsches Herrenmenschen von der »kühle[n] keusche[n] Majestät des Europäers Typus«.[21] Aus dem schrecklichen Blutgang werde das geheime Europa, gesundet, gereinigt, deutsch geworden, hervorgehen. In Flauberts Legende wähnte Marc das so schreckliche wie erlösende Blutopfer vorgeprägt.

Flaubert sah das offenkundig ganz anders. Denn was er mit diesem eigenartigen heiligen Julian in seiner Legende zeigt, ist eben, dass keine Erlösung aus Blutopfern welcher Art auch immer kommt und kommen kann. Darin liegt nicht nur die Tragik des von Flaubert *ad acta* gelegten Christentums, sondern schlimmer, all seiner säkularen Nachfolgeformationen, deren Marc'sche Variante »Geheimes Europa« – aber, immerhin, nicht »Geheimes Deutschland« – heißt. Der verderbliche Glaube an Heilung und Erlösung fordert immer neue Blutopfer. Flauberts Legende verkehrte die Logik, die Marc in ihr am Werk sah. Die Welt ist und bleibt bei Flaubert unerlöst. Die Flecken der Erbsünde sichtbar zu machen, ja, sie in der allgemeinen Verblendung, in einer erlösten oder zu erlösenden Welt zu leben, wieder neu zu markieren, ist die Bestimmung Julians und die Aufgabe der Legende. Das vermeintliche Happy End, die Himmelfahrt Julians in den Armen des Erlösers, zeigt das besonders krass. Die Verklärung der Leiber, ermöglicht durch Christi Liebesopfer, entpuppt sich in Flauberts Version der Legende als eine komplett ungeistige Verwandlung, als eine heidnische Metamorphose. Kunstvoll entlarvt Flaubert die christliche Verklärung als phallisches Phantasma. Weit und breit, trotz der schrecklichsten Blutopfer, kann von Reinigung bei Flaubert nicht die Rede sein. Gemessen an dieser im Gewande der Legende präsentierten, fast unerträglichen Provokation der Kunst Flauberts, ist Marcs *Getötetes Reh* (Abb. 13), des Malers Ideologie und seiner Zeit zum Trotz, als rot erleuchteter Tierkadaver ohne jeden Anflug von Jenseitigkeit vielleicht doch ein der trostlosen Einsicht Flauberts kongeniales Bild. Alles andere als friedlich stellt das niedergemetzelt am Boden liegende Tier die falsche Moral der diesen Krieg bestimmenden Überhebung vor Augen. Die Kunst überführt im *Toten Reh* das versprochene Happy End nach durchgemachtem Blutopfer als verheerende Ideologie.

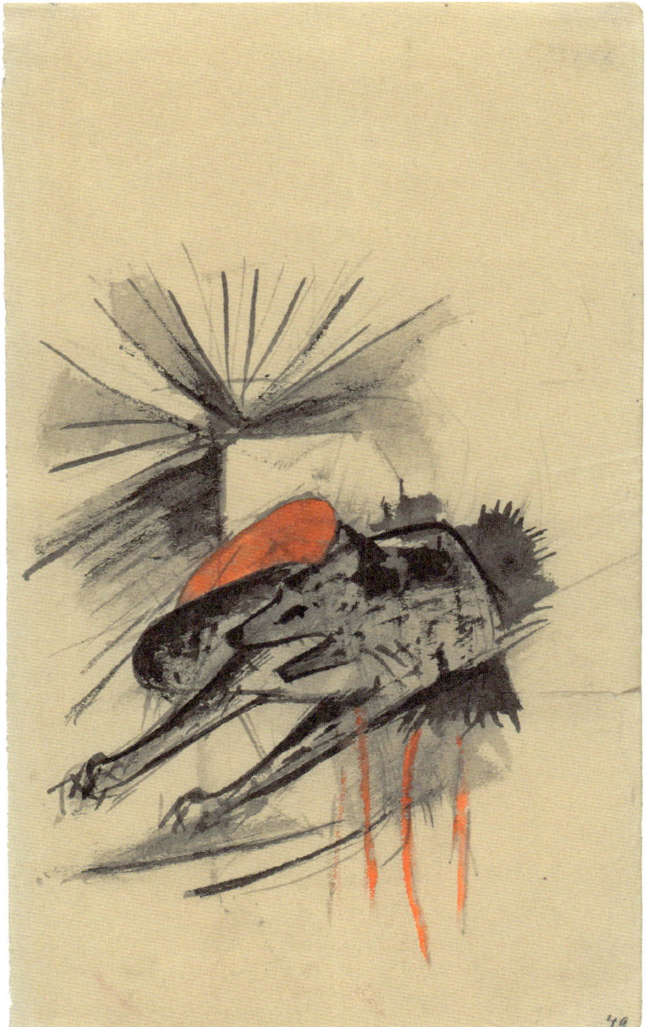

19 Franz Marc, *Liegende Hyäne (Liegender Wolf)*, 1913 (aus Skizzenbuch XXXI, S. 49), Aquarell, 20,1 × 12,4 cm, Kochel a. See, Franz Marc Museum

# La légende de saint Julien l'hospitalier[1]

Gustave Flaubert

## I.

Le père et la mère de Julien habitaient un château, au milieu des bois, sur la pente d'une colline.

Les quatre tours aux angles avaient des toits pointus recouverts d'écailles de plomb, et la base des murs s'appuyait sur les quartiers de rocs, qui dévalaient abruptement jusqu'au fond des douves.

Les pavés de la cour étaient nets comme le dallage d'une église. De longues gouttières, figurant des dragons la gueule en bas, crachaient l'eau de pluies vers la citerne ; et sur le bord des fenêtres, à tous les étages, dans un pot d'argile peinte, un basilic ou un héliotrope s'épanouissait.

Une seconde enceinte, faite de pieux, comprenait d'abord un verger d'arbres à fruits, ensuite un parterre où des combinaisons de fleurs dessinaient des chiffres, puis une treille avec des berceaux pour prendre le frais, et un jeu de mail qui servait au divertissement des pages. De l'autre côté se trouvaient le chenil, les écuries, la boulangerie, le pressoir et les granges. Un pâturage de gazon vert se développait tout autour, enclos lui-même d'une forte haie d'épines.

On vivait en paix depuis si longtemps que la herse ne s'abaissait plus ; les fossés étaient pleins d'eau ;[2] des hiron-

---

1 Der Text entstammt der Erstausgabe: Gustave Flaubert, *Trois Contes : Un cœur simple. La légende de saint Julien l'hospitalier. Hérodias*, Paris 1877, S. 91–164.

2 In der Erstausgabe und auch im Folgenden ist »les fossés étaient pleins d'eau« zu lesen, wobei es sich um den Fehler

delles faisaient leur nid dans la fente des créneaux; et l'archer qui tout le long du jour se promenait sur la courtine, dès que le soleil brillait trop fort rentrait dans l'échauguette, et s'endormait comme un moine.

À l'intérieur, les ferrures partout reluisaient; des tapisseries dans les chambres protégeaient du froid; et les armoires regorgeaient de linge, les tonnes de vin s'empilaient dans les celliers, les coffres de chêne craquaient sous le poids des sacs d'argent.

On voyait dans la salle d'armes, entre des étendards et des mufles de bêtes fauves, des armes de tous les temps et de toutes les nations, depuis les frondes des Amalécites et les javelots des Garamantes jusqu'aux braquemarts des Sarrasins et aux cottes de mailles des Normands.

La maîtresse broche de la cuisine pouvait faire tourner un bœuf; la chapelle était somptueuse comme l'oratoire d'un roi. Il y avait même, dans un endroit écarté, une étuve à la romaine; mais le bon seigneur s'en privait, estimant que c'est un usage des idolâtres.

Toujours enveloppé d'une pelisse de renard, il se promenait dans sa maison, rendait la justice à ses vassaux, apaisait les querelles de ses voisins. Pendant l'hiver, il regardait les flocons de neige tomber, ou se faisait lire des histoires. Dès les premiers beaux jours, il s'en allait sur sa mule le long des petits chemins, au bord des blés qui verdoyaient, et causait avec les manants, auxquels il donnait des conseils. Après beaucoup d'aventures, il avait pris pour femme une demoiselle de haut lignage.

Elle était très blanche, un peu fière et sérieuse. Les cornes de son hennin frôlaient le linteau des portes; la queue de sa robe de drap traînait de trois pas derrière elle. Son domestique

---

eines Kopisten handelt. Korrigiert heißt es »pleins d'herbes«; vgl. Gustave Flaubert *Trois contes. Nouvelle édition critique de Barbara Vinken, avec trois essais*, hg. von Barbara Vinken, Berlin / Boston 2020, S. 45.

était réglé comme l'intérieur d'un monastère; chaque matin elle distribuait la besogne à ses servantes, surveillait les confitures et les onguents, filait à la quenouille ou brodait des nappes d'autel. À force de prier Dieu, il lui vint un fils.

Alors il y eut de grandes réjouissances, et un repas qui dura trois jours et quatre nuits, dans l'illumination des flambeaux, au son des harpes, sur des jonchées de feuillages. On y mangea les plus rares épices, avec des poules grosses comme des moutons; par divertissement, un nain sortit d'un pâté; et, les écuelles ne suffisant plus, car la foule augmentait toujours, on fut obligé de boire dans les oliphants et dans les casques.

La nouvelle accouchée n'assista pas à ces fêtes. Elle se tenait dans son lit, tranquillement. Un soir, elle se réveilla, et elle aperçut, sous un rayon de la lune qui entrait par la fenêtre, comme une ombre mouvante. C'était un vieillard en froc de bure, avec un chapelet au côté, une besace sur l'épaule, toute l'apparence d'un ermite. Il s'approcha de son chevet et lui dit, sans desserrer les lèvres :

— « Réjouis-toi, ô mère ! Ton fils sera un saint ! »

Elle allait crier; mais, glissant sur les rais de la lune, il s'éleva dans l'air doucement, puis disparut. Les chants du banquet éclatèrent plus fort. Elle entendit les voix des anges; et sa tête retomba sur l'oreiller, que dominait un os de martyr dans un cadre d'escarboucles.

Le lendemain, tous les serviteurs interrogés déclarèrent qu'ils n'avaient pas vu d'ermite. Songe ou réalité, cela devait être une communication du ciel; mais elle eut soin de n'en rien dire, ayant peur qu'on ne l'accusât d'orgueil.

Les convives s'en allèrent au petit jour; et le père de Julien se trouvait en dehors de la poterne, où il venait de reconduire le dernier, quand tout à coup un mendiant se dressa devant lui, dans le brouillard. C'était un Bohême à barbe tressée, avec des anneaux d'argent aux deux bras et les prunelles flamboyantes. Il bégaya d'un air inspiré ces mots sans suite :

— « Ah ! Ah ! Ton fils !... Beaucoup de sang !... Beaucoup de gloire !... Toujours heureux ! La famille d'un empereur. »

Et, se baissant pour ramasser son aumône, il se perdit dans l'herbe, s'évanouit.

Le bon châtelain regarda de droite et de gauche, appela tant qu'il put. Personne. Le vent sifflait, les brumes du matin s'envolaient.

Il attribua cette vision à la fatigue de sa tête pour avoir trop peu dormi. « Si j'en parle, on se moquera de moi, » se dit-il. Cependant les splendeurs destinées à son fils l'éblouissaient, bien que la promesse n'en fût pas claire et qu'il doutât même de l'avoir entendue.

Les époux se cachèrent leur secret. Mais tous deux chérissaient l'enfant d'un pareil amour ; et, le respectant comme marqué de Dieu, ils eurent pour sa personne des égards infinis. Sa couchette était rembourrée du plus fin duvet ; une lampe en forme de colombe brûlait dessus, continuellement ; trois nourrices le berçaient ; et, bien serré dans ses langes, la mine rose et les yeux bleus, avec son manteau de brocart et son béguin chargé de perles, il ressemblait à un petit Jésus. Les dents lui poussèrent sans qu'il pleurât une seule fois.

Quand il eut sept ans, sa mère lui apprit à chanter. Pour le rendre courageux, son père le hissa sur un gros cheval. L'enfant souriait d'aise, et ne tarda pas à savoir tout ce qui concerne les destriers.

Un vieux moine très savant lui enseigna l'Écriture sainte, la numération des Arabes, les lettres latines, et à faire sur le vélin des peintures mignonnes. Ils travaillaient ensemble, tout en haut d'une tourelle, à l'écart du bruit.

La leçon terminée, ils descendaient dans le jardin, où, se promenant pas à pas, ils étudiaient les fleurs.

Quelquefois on apercevait, cheminant au fond de la vallée, une file de bêtes de somme, conduites par un piéton, accoutré à l'orientale. Le châtelain, qui l'avait reconnu pour un marchand, expédiait vers lui un valet. L'étranger, prenant confiance, se détournait de sa route; et, introduit dans le parloir, il retirait de ses coffres des pièces de velours et de soie, des orfèvreries, des aromates, des choses singulières d'un usage inconnu; à la fin le bonhomme s'en allait, avec un gros profit, sans avoir enduré aucune violence. D'autres fois, une troupe de pèlerins frappait à la porte. Leurs habits mouillés fumaient devant l'âtre; et, quand ils étaient repus, ils racontaient leurs voyages: les erreurs des nefs sur la mer écumeuse, les marches à pied dans les sables brûlants, la férocité des païens, les cavernes de la Syrie, la Crèche et le Sépulcre. Puis ils donnaient au jeune seigneur des coquilles de leur manteau.

Souvent le châtelain festoyait ses vieux compagnons d'armes. Tout en buvant, ils se rappelaient leurs guerres, les assauts des forteresses avec le battement des machines et les prodigieuses blessures. Julien, qui les écoutait, en poussait des cris; alors son père ne doutait pas qu'il ne fût plus tard un conquérant. Mais le soir, au sortir de l'Angélus, quand il passait entre les pauvres inclinés, il puisait dans son escarcelle avec tant de modestie et d'un air si noble, que sa mère comptait bien le voir par la suite archevêque.

Sa place dans la chapelle était aux côtés de ses parents; et, si longs que fussent les offices, il restait à genoux sur son prie-Dieu, la toque par terre et les mains jointes.

Un jour, pendant la messe, il aperçut, en relevant la tête, une petite souris blanche qui sortait d'un trou, dans la muraille. Elle trottina sur la première marche de l'autel, et, après deux ou trois tours de droite et de gauche, s'enfuit du même côté. Le dimanche suivant, l'idée qu'il pourrait la revoir le troubla. Elle revint; et, chaque dimanche il l'attendait, en était importuné, fut pris de haine contre elle, et résolut de s'en défaire.

Ayant donc fermé la porte, et semé sur les marches les miettes d'un gâteau, il se posta devant le trou, une baguette à la main.

Au bout de très longtemps un museau rose parut, puis la souris tout entière. Il frappa un coup léger, et demeura stupéfait devant ce petit corps qui ne bougeait plus. Une goutte de sang tachait la dalle. Il l'essuya bien vite avec sa manche, jeta la souris dehors, et n'en dit rien à personne.

Toutes sortes d'oisillons picoraient les graines du jardin. Il imagina de mettre des pois dans un roseau creux. Quand il entendait gazouiller dans un arbre, il en approchait avec douceur, puis levait son tube, enflait ses joues ; et les bestioles lui pleuvaient sur les épaules si abondamment qu'il ne pouvait s'empêcher de rire, heureux de sa malice.

Un matin, comme il s'en retournait par la courtine, il vit sur la crête du rempart un gros pigeon qui se rengorgeait au soleil. Julien s'arrêta pour le regarder ; le mur en cet endroit ayant une brèche, un éclat de pierre se rencontra sous ses doigts. Il tourna son bras, et la pierre abattit l'oiseau qui tomba d'un bloc dans le fossé.

Il se précipita vers le fond, se déchirant aux broussailles, furetant partout, plus leste qu'un jeune chien.

Le pigeon, les ailes cassées, palpitait, suspendu dans les branches d'un troène.

La persistance de sa vie irrita l'enfant. Il se mit à l'étrangler ; et les convulsions de l'oiseau faisaient battre son cœur, l'emplissaient d'une volupté sauvage et tumultueuse. Au dernier roidissement, il se sentit défaillir.

Le soir, pendant le souper, son père déclara que l'on devait à son âge apprendre la vénerie ; et il alla chercher un vieux cahier d'écriture contenant, par demandes et réponses, tout le déduit des chasses. Un maître y démontrait à son élève l'art de dresser les chiens et d'affaiter les faucons, de tendre les pièges, comment reconnaître le cerf à ses fumées, le renard à ses empreintes, le loup à ses déchaussures, le bon moyen de discerner leurs voies, de quelle manière on les lance, où se trouvent ordinairement leurs refuges, quels sont les vents les plus propices, avec l'énumération des cris et les règles de la curée.

Quand Julien put réciter par cœur toutes ces choses, son père lui composa une meute.

D'abord on y distinguait vingt-quatre lévriers barbaresques, plus véloces que des gazelles, mais sujets à s'emporter; puis dix-sept couples de chiens bretons, tiquetés de blanc sur fond rouge, inébranlables dans leur créance, forts de poitrine et grands hurleurs. Pour l'attaque du sanglier et les refuites périlleuses, il y avait quarante griffons, poilus comme des ours. Des mâtins de Tartarie, presque aussi hauts que des ânes, couleur de feu, l'échine large et le jarret droit, étaient destinés à poursuivre les aurochs. La robe noire des épagneuls luisait comme du satin; le jappement des talbots valait celui des bigles chanteurs. Dans une cour à part, grondaient, en secouant leur chaîne et roulant leurs prunelles, huit dogues alains, bêtes formidables qui sautent au ventre des cavaliers et n'ont pas peur des lions.

Tous mangeaient du pain de froment, buvaient dans des auges de pierre, et portaient un nom sonore.

La fauconnerie, peut-être, dépassait la meute; le bon seigneur, à force d'argent, s'était procuré des tiercelets du Caucase, des sacres de Babylone, des gerfauts d'Allemagne, et des faucons pèlerins, capturés sur les falaises, au bord des mers froides, en de lointains pays. Ils logeaient dans un hangar couvert de chaume, et, attachés par rang de taille sur le perchoir, avaient devant eux une motte de gazon, où de temps à autre on les posait afin de les dégourdir.

Des bourses, des hameçons, des chausse-trapes, toute sorte d'engins, furent confectionnés.

Souvent on menait dans la campagne des chiens d'oysel, qui tombaient bien vite en arrêt. Alors des piqueurs, s'avançant pas à pas, étendaient avec précaution sur leurs corps impassibles un immense filet. Un commandement les faisait aboyer; des cailles s'envolaient; et les dames des alentours conviées avec leurs maris, les enfants, les camérières, tout le monde se jetait dessus, et les prenait facilement.

D'autres fois, pour débûcher les lièvres, on battait du tambour; des renards tombaient dans des fosses, ou bien un ressort, se débandant, attrapait un loup par le pied.

Mais Julien méprisa ces commodes artifices ; il préférait chasser loin du monde, avec son cheval et son faucon. C'était presque toujours un grand tartaret de Scythie, blanc comme la neige. Son capuchon de cuir était surmonté d'un panache, des grelots d'or tremblaient à ses pieds bleus ; et il se tenait ferme sur le bras de son maître pendant que le cheval galopait, et que les plaines se déroulaient. Julien, dénouant ses longes, le lâchait tout à coup ; la bête hardie montait droit dans l'air comme une flèche ; et l'on voyait deux taches inégales tourner, se joindre, puis disparaître dans les hauteurs de l'azur. Le faucon ne tardait pas à descendre en déchirant quelque oiseau, et revenait se poser sur le gantelet, les deux ailes frémissantes.

Julien vola de cette manière le héron, le milan, la corneille et le vautour.

Il aimait, en sonnant de la trompe, à suivre ses chiens qui couraient sur le versant des collines, sautaient les ruisseaux, remontaient vers le bois ; et, quand le cerf commençait à gémir sous les morsures, il l'abattait prestement, puis se délectait à la furie des mâtins qui le dévoraient, coupé en pièces sur sa peau fumante.

Les jours de brume, il s'enfonçait dans un marais pour guetter les oies, les loutres et les halbrans.

Trois écuyers, dès l'aube, l'attendaient au bas du perron ; et le vieux moine, se penchant à sa lucarne, avait beau faire des signes pour le rappeler, Julien ne se retournait pas. Il allait à l'ardeur du soleil, sous la pluie, par la tempête, buvait l'eau des sources dans sa main, mangeait en trottant des pommes sauvages, s'il était fatigué se reposait sous un chêne ; et il rentrait au milieu de la nuit, couvert de sang et de boue, avec des épines dans les cheveux et sentant l'odeur des bêtes farouches. Il devint comme elles. Quand sa mère l'embrassait, il acceptait froidement son étreinte, paraissant rêver à des choses profondes.

Il tua des ours à coups de couteau, des taureaux avec la hache, des sangliers avec l'épieu ; et même une fois, n'ayant plus qu'un bâton, se défendit contre des loups qui rongeaient des cadavres au pied d'un gibet.

*

Un matin d'hiver, il partit avant le jour, bien équipé, une arbalète sur l'épaule et un trousseau de flèches à l'arçon de la selle.

Son genet danois, suivi de deux bassets, en marchant d'un pas égal faisait résonner la terre. Des gouttes de verglas se collaient à son manteau, une brise violente soufflait. Un côté de l'horizon s'éclaircit; et, dans la blancheur du crépuscule, il aperçut des lapins sautillant au bord de leurs terriers. Les deux bassets, tout de suite, se précipitèrent sur eux; et, çà et là, vivement, leur brisaient l'échine.

Bientôt, il entra dans un bois. Au bout d'une branche, un coq de bruyère engourdi par le froid dormait la tête sous l'aile. Julien, d'un revers d'épée, lui faucha les deux pattes, et sans le ramasser continua sa route.

Trois heures après, il se trouva sur la pointe d'une montagne tellement haute que le ciel semblait presque noir. Devant lui, un rocher pareil à un long mur s'abaissait, en surplombant un précipice; et, à l'extrémité, deux boucs sauvages regardaient l'abîme. Comme il n'avait pas ses flèches (car son cheval était resté en arrière), il imagina de descendre jusqu'à eux; à demi courbé, pieds nus, il arriva enfin au premier des boucs, et lui enfonça un poignard sous les côtes. Le second, pris de terreur, sauta dans le vide. Julien s'élança pour le frapper, et, glissant du pied droit, tomba sur le cadavre de l'autre, la face au-dessus de l'abîme et les deux bras écartés.

Redescendu dans la plaine, il suivit des saules qui bordaient une rivière. Des grues, volant très bas, de temps à autre passaient au-dessus de sa tête. Julien les assommait avec son fouet, et n'en manqua pas une.

Cependant l'air plus tiède avait fondu le givre, de larges vapeurs flottaient, et le soleil se montra. Il vit reluire tout au loin un lac figé, qui ressemblait à du plomb. Au milieu du lac, il y avait une bête que Julien ne connaissait pas, un castor à museau noir. Malgré la distance, une flèche l'abattit; et il fut chagrin de ne pouvoir emporter la peau.

Puis il s'avança dans une avenue de grands arbres, formant avec leurs cimes comme un arc de triomphe, à l'entrée d'une forêt. Un chevreuil bondit hors d'un fourré, un daim parut dans un carrefour, un blaireau sortit d'un trou, un paon sur le gazon déploya sa queue; — et quand il les eut tous occis, d'autres chevreuils se présentèrent, d'autres daims, d'autres blaireaux, d'autres paons, et des merles, des geais, des putois, des renards, des hérissons, des lynx, une infinité de bêtes, à chaque pas plus nombreuses. Elles tournaient autour de lui, tremblantes, avec un regard plein de douceur et de supplication. Mais Julien ne se fatiguait pas de tuer, tour à tour bandant son arbalète, dégainant l'épée, pointant du coutelas, et ne pensait à rien, n'avait souvenir de quoi que ce fût. Il était en chasse dans un pays quelconque, depuis un temps indéterminé, par le fait seul de sa propre existence, tout s'accomplissant avec la facilité que l'on éprouve dans les rêves. Un spectacle extraordinaire l'arrêta. Des cerfs emplissaient un vallon ayant la forme d'un cirque; et tassés, les uns près des autres, ils se réchauffaient avec leurs haleines que l'on voyait fumer dans le brouillard.

L'espoir d'un pareil carnage, pendant quelques minutes, le suffoqua de plaisir. Puis il descendit de cheval, retroussa ses manches, et se mit à tirer.

Au sifflement de la première flèche, tous les cerfs à la fois tournèrent la tête. Il se fit des enfonçures dans leur masse; des voix plaintives s'élevaient, et un grand mouvement agita le troupeau.

Le rebord du vallon était trop haut pour le franchir. Ils bondissaient dans l'enceinte, cherchant à s'échapper. Julien visait, tirait; et les flèches tombaient comme les rayons d'une pluie d'orage. Les cerfs rendus furieux se battirent, se cabraient, montaient les uns par-dessus les autres; et leurs corps avec leurs ramures emmêlées faisaient un large monticule, qui s'écroulait, en se déplaçant.

Enfin ils moururent, couchés sur le sable, la bave aux naseaux, les entrailles sorties, et l'ondulation de leurs ventres s'abaissant par degrés. Puis tout fut immobile.

La nuit allait venir ; et derrière le bois, dans les intervalles des branches, le ciel était rouge comme une nappe de sang.

Julien s'adossa contre un arbre. Il contemplait d'un œil béant l'énormité du massacre, ne comprenant pas comment il avait pu le faire.

De l'autre côté du vallon, sur le bord de la forêt, il aperçut un cerf, une biche et son faon.

Le cerf, qui était noir et monstrueux de taille, portait seize andouillers avec une barbe blanche. La biche, blonde comme les feuilles mortes, broutait le gazon ; et le faon tacheté, sans l'interrompre dans sa marche, lui tétait la mamelle.

L'arbalète encore une fois ronfla. Le faon, tout de suite, fut tué. Alors sa mère, en regardant le ciel, brama d'une voix profonde, déchirante, humaine. Julien exaspéré, d'un coup en plein poitrail, l'étendit par terre.

Le grand cerf l'avait vu, fit un bond. Julien lui envoya sa dernière flèche. Elle l'atteignit au front, et y resta plantée.

Le grand cerf n'eut pas l'air de la sentir ; en enjambant par-dessus les morts, il avançait toujours, allait fondre sur lui, l'éventrer ; et Julien reculait dans une épouvante indicible. Le prodigieux animal s'arrêta ; et les yeux flamboyants, solennel comme un patriarche et comme un justicier, pendant qu'une cloche au loin tintait, il répéta trois fois :

— « Maudit ! Maudit ! Maudit ! Un jour, cœur féroce, tu assassineras ton père et ta mère ! »

Il plia les genoux, ferma doucement ses paupières, et mourut.

Julien fut stupéfait, puis accablé d'une fatigue soudaine ; et un dégoût, une tristesse immense l'envahit. Le front dans les deux mains, il pleura pendant longtemps.

Son cheval était perdu; ses chiens l'avaient abandonné; la solitude qui l'enveloppait lui sembla toute menaçante de périls indéfinis. Alors, poussé par un effroi, il prit sa course à travers la campagne, choisit au hasard un sentier, et se trouva presque immédiatement à la porte du château.

La nuit, il ne dormit pas. Sous le vacillement de la lampe suspendue, il revoyait toujours le grand cerf noir. Sa prédiction l'obsédait; il se débattait contre elle. « Non! Non! Non! Je ne peux pas les tuer! » Puis, il songeait : « Si je le voulais, pourtant?... » et il avait peur que le Diable ne lui en inspirât l'envie.

Durant trois mois, sa mère en angoisse pria au chevet de son lit, et son père, en gémissant, marchait continuellement dans les couloirs. Il manda les maîtres mires les plus fameux, lesquels ordonnèrent des quantités de drogues. Le mal de Julien, disaient-ils, avait pour cause un vent funeste, ou un désir d'amour. Mais le jeune homme, à toutes les questions, secouait la tête.

Les forces lui revinrent; et on le promenait dans la cour, le vieux moine et le bon seigneur le soutenant chacun par un bras. Quand il fut rétabli complètement, il s'obstina à ne point chasser.

Son père, le voulant réjouir, lui fit cadeau d'une grande épée sarrasine.

Elle était au haut d'un pilier, dans une panoplie. Pour l'atteindre, il fallut une échelle. Julien y monta. L'épée trop lourde lui échappa des doigts, et en tombant frôla le bon seigneur de si près que sa houppelande en fut coupée; Julien crut avoir tué son père, et s'évanouit.

Dès lors, il redouta les armes. L'aspect d'un fer nu le faisait pâlir. Cette faiblesse était une désolation pour sa famille.

Enfin le vieux moine, au nom de Dieu, de l'honneur et des ancêtres, lui commanda de reprendre ses exercices de gentilhomme.

Les écuyers, tous les jours, s'amusaient au maniement de la javeline. Julien y excella bien vite. Il envoyait la sienne dans le goulot des bouteilles, cassait les dents des girouettes, frappait à cent pas les clous des portes.

Un soir d'été, à l'heure où la brume rend les choses indistinctes, étant sous la treille du jardin, il aperçut tout au fond deux ailes blanches qui voletaient à la hauteur de l'espalier. Il ne douta pas que ce ne fût une cigogne ; et il lança son javelot.

Un cri déchirant partit.

C'était sa mère, dont le bonnet à longues barbes restait cloué contre le mur.

Julien s'enfuit du château, et ne reparut plus.

## II.

Il s'engagea dans une troupe d'aventuriers qui passaient.

Il connut la faim, la soif, les fièvres et la vermine. Il s'accoutuma au fracas des mêlées, à l'aspect des moribonds. Le vent tanna sa peau. Ses membres se durcirent par le contact des armures ; et comme il était très fort, courageux, tempérant, avisé, il obtint sans peine le commandement d'une compagnie.

Au début des batailles, il enlevait ses soldats d'un grand geste de son épée. Avec une corde à nœuds, il grimpait aux murs des citadelles, la nuit, balancé par l'ouragan, pendant que les flammèches du feu grégeois se collaient à sa cuirasse, et que la résine bouillante et le plomb fondu ruisselaient des créneaux. Souvent le heurt d'une pierre fracassa son bouclier. Des ponts trop chargés d'hommes croulèrent sous lui. En tournant sa masse d'armes, il se débarrassa de quatorze cavaliers. Il défit, en champ clos, tous ceux qui se proposèrent. Plus de vingt fois, on le crut mort.

Grâce à la faveur divine, il en réchappa toujours ; car il protégeait les gens d'église, les orphelins, les veuves, et principalement les vieillards. Quand il en voyait un marchant devant lui, il criait pour connaître sa figure, comme s'il avait eu peur de le tuer par méprise.

Des esclaves en fuite, des manants révoltés, des bâtards sans fortune, toutes sortes d'intrépides affluèrent sous son drapeau, et il se composa une armée.

Elle grossit. Il devint fameux. On le recherchait.

Tour à tour, il secourut le Dauphin de France et le roi d'Angleterre, les templiers de Jérusalem, le suréna des Parthes, le négus d'Abyssinie et l'empereur de Calicut. Il combattit des Scandinaves recouverts d'écailles de poisson, des Nègres[3] munis de rondaches en cuir d'hippopotame et montés sur des ânes rouges, des Indiens couleur d'or et brandissant par-dessus leurs diadèmes de larges sabres, plus clairs que des miroirs. Il vainquit les Troglodytes et les Anthropophages. Il traversa des régions si torrides que sous l'ardeur du soleil les chevelures s'allumaient d'elles-mêmes, comme des flambeaux; et d'autres qui étaient si glaciales, que les bras, se détachant du corps, tombaient par terre; et des pays où il y avait tant de brouillards que l'on marchait environné de fantômes.

Des républiques en embarras le consultèrent. Aux entrevues d'ambassadeurs, il obtenait des conditions inespérées. Si un monarque se conduisait trop mal, il arrivait tout à coup, et lui faisait des remontrances. Il affranchit des peuples. Il délivra des reines enfermées dans des tours. C'est lui, et pas un autre, qui assomma la guivre de Milan et le dragon d'Oberbirbach.

Or l'empereur d'Occitanie, ayant triomphé des Musulmans espagnols, s'était joint par concubinage à la sœur du calife de Cordoue; et il en conservait une fille, qu'il avait élevée chrétiennement. Mais le calife, faisant mine de vouloir se convertir, vint lui rendre visite, accompagné d'une escorte nombreuse, massacra toute sa garnison, et le plongea dans un cul de basse fosse, où il le traitait durement, afin d'en extirper des trésors.

---

3 Flaubert benutzt das zeitgenössische Lexikon, dessen rassistische Untertöne heute untragbar sind.

Julien accourut à son aide, détruisit l'armée des infidèles, assiégea la ville, tua le calife, coupa sa tête, et la jeta comme une boule par-dessus les remparts. Puis il tira l'empereur de sa prison, et le fit remonter sur son trône, en présence de toute sa cour.

L'empereur, pour prix d'un tel service, lui présenta dans des corbeilles beaucoup d'argent; Julien n'en voulut pas. Croyant qu'il en désirait davantage, il lui offrit les trois quarts de ses richesses; nouveau refus; puis de partager son royaume; Julien le remercia; et l'empereur en pleurait de dépit, ne sachant de quelle manière témoigner sa reconnaissance, quand il se frappa le front, dit un mot à l'oreille d'un courtisan; les rideaux d'une tapisserie se relevèrent, et une jeune fille parut.

Ses grands yeux noirs brillaient comme deux lampes très douces. Un sourire charmant écartait ses lèvres. Les anneaux de sa chevelure s'accrochaient aux pierreries de sa robe entrouverte; et, sous la transparence de sa tunique, on devinait la jeunesse de son corps. Elle était toute mignonne et potelée, avec la taille fine.

Julien fut ébloui d'amour, d'autant plus qu'il avait mené jusqu'alors une vie très chaste.

Donc il reçut en mariage la fille de l'empereur, avec un château qu'elle tenait de sa mère; et, les noces étant terminées, on se quitta, après des politesses infinies de part et d'autre.

C'était un palais de marbre blanc, bâti à la moresque, sur un promontoire, dans un bois d'orangers. Des terrasses de fleurs descendaient jusqu'au bord d'un golfe, où des coquilles roses craquaient sous les pas. Derrière le château, s'étendait une forêt ayant le dessin d'un éventail. Le ciel continuellement était bleu, et les arbres se penchaient tour à tour sous la brise de la mer et le vent des montagnes, qui fermaient au loin l'horizon.

Les chambres, pleines de crépuscule, se trouvaient éclairées par les incrustations des murailles. De hautes colonnettes, minces comme des roseaux, supportaient la voûte des coupoles, décorées de reliefs imitant les stalactites des grottes.

Il y avait des jets d'eau dans les salles, des mosaïques dans les cours, des cloisons festonnées, mille délicatesses d'architecture, et partout un tel silence que l'on entendait le frôlement d'une écharpe ou l'écho d'un soupir.

Julien ne faisait plus la guerre. Il se reposait, entouré d'un peuple tranquille; et chaque jour, une foule passait devant lui, avec des génuflexions et des baise-mains à l'orientale.

Vêtu de pourpre, il restait accoudé dans l'embrasure d'une fenêtre, en se rappelant ses chasses d'autrefois; et il aurait voulu courir sur le désert après les gazelles et les autruches, être caché dans les bambous à l'affût des léopards, traverser des forêts pleines de rhinocéros, atteindre au sommet des monts les plus inaccessibles pour viser mieux les aigles, et sur les glaçons de la mer combattre les ours blancs.

Quelquefois, dans un rêve, il se voyait comme notre père Adam au milieu du Paradis, entre toutes les bêtes; en allongeant le bras, il les faisait mourir; ou bien, elles défilaient, deux à deux, par rang de taille, depuis les éléphants et les lions jusqu'aux hermines et aux canards, comme le jour qu'elles entrèrent dans l'arche de Noé. À l'ombre d'une caverne, il dardait sur elles des javelots infaillibles; il en survenait d'autres; cela n'en finissait pas; et il se réveillait en roulant des yeux farouches.

Des princes de ses amis l'invitèrent à chasser. Il s'y refusa toujours, croyant, par cette sorte de pénitence, détourner son malheur; car il lui semblait que du meurtre des animaux dépendait le sort de ses parents. Mais il souffrait de ne pas les voir, et son autre envie devenait insupportable.

Sa femme, pour le récréer, fit venir des jongleurs et des danseuses.

Elle se promenait avec lui, en litière ouverte, dans la campagne; d'autres fois, étendus sur le bord d'une chaloupe, ils regardaient les poissons vagabonder dans l'eau, claire comme le ciel. Souvent elle lui jetait des fleurs au visage;

accroupie devant ses pieds, elle tirait des airs d'une mandoline à trois cordes ; puis, lui posant sur l'épaule ses deux mains jointes, disait d'une voix timide :

— « Qu'avez-vous donc, cher seigneur ? »

Il ne répondait pas, ou éclatait en sanglots ; enfin, un jour, il avoua son horrible pensée.

Elle la combattit, en raisonnant très bien ; son père et sa mère, probablement, étaient morts ; si jamais il les revoyait, par quel hasard, dans quel but, arriverait-il à cette abomination ? Donc, sa crainte n'avait pas de cause, et il devait se remettre à chasser.

Julien souriait en l'écoutant, mais ne se décidait pas à satisfaire son désir.

Un soir du mois d'août qu'ils étaient dans leur chambre, elle venait de se coucher et il s'agenouillait pour sa prière quand il entendit le jappement d'un renard, puis des pas légers sous la fenêtre ; et il entrevit dans l'ombre comme des apparences d'animaux. La tentation était trop forte. Il décrocha son carquois.

Elle parut surprise.

— « C'est pour t'obéir ! » dit-il, « Au lever du soleil, je serai revenu. »

Cependant elle redoutait une aventure funeste.

Il la rassura, puis sortit, étonné de l'inconséquence de son humeur.

Peu de temps après, un page vint annoncer que deux inconnus, à défaut du seigneur absent, réclamaient tout de suite la seigneuresse.

Et bientôt entrèrent dans la chambre un vieil homme et une vieille femme, courbés, poudreux, en habits de toile, et s'appuyant chacun sur un bâton.

Ils s'enhardirent et déclarèrent qu'ils apportaient à Julien des nouvelles de ses parents.

Elle se pencha pour les entendre.

Mais, s'étant concertés du regard, ils lui demandèrent s'il les aimait toujours, s'il parlait d'eux quelquefois.

— « Oh ! Oui ! » dit-elle.

Alors, ils s'écrièrent :

— « Eh bien ! C'est nous ! » Et ils s'assirent, étant fort las et recrus de fatigue.

Rien n'assurait à la jeune femme que son époux fût leur fils.

Ils en donnèrent la preuve, en décrivant des signes particuliers qu'il avait sur la peau.

Elle sauta hors sa couche, appela son page, et on leur servit un repas.

Bien qu'ils eussent grand'faim, ils ne pouvaient guère manger ; et elle observait à l'écart le tremblement de leurs mains osseuses, en prenant les gobelets.

Ils firent mille questions sur Julien. Elle répondait à chacune, mais eut soin de taire l'idée funèbre qui les concernait.

Ne le voyant pas revenir, ils étaient partis de leur château ; et ils marchaient depuis plusieurs années, sur de vagues indications, sans perdre l'espoir. Il avait fallu tant d'argent au péage des fleuves et dans les hôtelleries, pour les droits des princes et les exigences des voleurs, que le fond de leur bourse était vide, et qu'ils mendiaient maintenant. Qu'importe, puisque bientôt ils embrasseraient leur fils ? Ils exaltaient son bonheur d'avoir une femme aussi gentille, et ne se lassaient point de la contempler et de la baiser.

La richesse de l'appartement les étonnait beaucoup ; et le vieux, ayant examiné les murs, demanda pourquoi s'y trouvait le blason de l'empereur d'Occitanie.

Elle répliqua :

— « C'est mon père ! »

Alors il tressaillit, se rappelant la prédiction du Bohême ; et la vieille songeait à la parole de l'Ermite. Sans doute la gloire de son fils n'était que l'aurore des splendeurs éternelles ; et tous les deux restaient béants, sous la lumière du candélabre qui éclairait la table.

Ils avaient dû être très beaux dans leur jeunesse. La mère avait encore tous ses cheveux, dont les bandeaux fins, pareils à des plaques de neige, pendaient jusqu'au bas de ses joues; et le père, avec sa taille haute et sa grande barbe, ressemblait à une statue d'église.

La femme de Julien les engagea à ne pas l'attendre. Elle les coucha elle-même dans son lit, puis ferma la croisée; ils s'endormirent. Le jour allait paraître, et, derrière le vitrail, les petits oiseaux commençaient à chanter.

*

Julien avait traversé le parc; et il marchait dans la forêt d'un pas nerveux, jouissant de la mollesse du gazon et de la douceur de l'air.

Les ombres des arbres s'étendaient sur la mousse. Quelquefois la lune faisait des taches blanches dans les clairières, et il hésitait à s'avancer, croyant apercevoir une flaque d'eau, ou bien la surface des mares tranquilles se confondait avec la couleur de l'herbe. C'était partout un grand silence; et il ne découvrait aucune des bêtes qui, peu de minutes auparavant, erraient à l'entour de son château.

Le bois s'épaissit, l'obscurité devint profonde. Des bouffées de vent chaud passaient, pleines de senteurs amollissantes. Il enfonçait dans des tas de feuilles mortes, et il s'appuya contre un chêne pour haleter un peu.

Tout à coup, derrière son dos, bondit une masse plus noire, un sanglier. Julien n'eut pas le temps de saisir son arc, et il s'en affligea comme d'un malheur.

Puis, étant sorti du bois, il aperçut un loup qui filait le long d'une haie.

Julien lui envoya une flèche. Le loup s'arrêta, tourna la tête pour le voir et reprit sa course. Il trottait en gardant toujours la même distance, s'arrêtait de temps à autre, et, sitôt qu'il était visé, recommençait à fuir.

Julien parcourut de cette manière une plaine interminable, puis des monticules de sable, et enfin il se trouva sur un plateau dominant un grand espace de pays. Des pierres plates étaient clairsemées entre des caveaux en ruine. On trébuchait sur des ossements de morts; de place en place, des croix vermoulues se penchaient d'un air lamentable. Mais des formes remuèrent dans l'ombre indécise des tombeaux; et il en surgit des hyènes, tout effarées, pantelantes. En faisant claquer leurs ongles sur les dalles, elles vinrent à lui et le flairaient avec un bâillement qui découvrait leurs gencives. Il dégaina son sabre. Elles partirent à la fois dans toutes les directions, et, continuant leur galop boiteux et précipité, se perdirent au loin sous un flot de poussière.

Une heure après, il rencontra dans un ravin un taureau furieux, les cornes en avant, et qui grattait le sable avec son pied. Julien lui pointa sa lance sous les fanons. Elle éclata, comme si l'animal eût été de bronze; il ferma les yeux, attendant sa mort. Quand il les rouvrit, le taureau avait disparu.

Alors son âme s'affaissa de honte. Un pouvoir supérieur détruisait sa force; et, pour s'en retourner chez lui, il rentra dans la forêt.

Elle était embarrassée de lianes; et il les coupait avec son sabre quand une fouine glissa brusquement entre ses jambes, une panthère fit un bond par-dessus son épaule, un serpent monta en spirale autour d'un frêne.

Il y avait dans son feuillage un choucas monstrueux, qui regardait Julien; et, çà et là, parurent entre les branches quantités de larges étincelles, comme si le firmament eût fait pleuvoir dans la forêt toutes ses étoiles. C'étaient des yeux d'animaux, des chats sauvages, des écureuils, des hiboux, des perroquets, des singes.

Julien darda contre eux ses flèches; les flèches, avec leurs plumes, se posaient sur les feuilles comme des papillons blancs. Il leur jeta des pierres; les pierres, sans rien toucher, retombaient. Il se maudit, aurait voulu se battre, hurla des imprécations, étouffait de rage.

Et tous les animaux qu'il avait poursuivis se représentèrent, faisant autour de lui un cercle étroit. Les uns étaient assis sur leur croupe, les autres dressés de toute leur taille. Il restait au milieu, glacé de terreur, incapable du moindre mouvement. Par un effort suprême de sa volonté, il fit un pas ; ceux qui perchaient sur les arbres ouvrirent leurs ailes, ceux qui foulaient le sol déplacèrent leurs membres ; et tous l'accompagnaient.

Les hyènes marchaient devant lui, le loup et le sanglier par derrière. Le taureau, à sa droite, balançait la tête ; et, à sa gauche, le serpent ondulait dans les herbes, tandis que la panthère, bombant son dos, avançait à pas de velours et à grandes enjambées. Il allait le plus lentement possible pour ne pas les irriter ; et il voyait sortir de la profondeur des buissons des porcs-épics, des renards, des vipères, des chacals et des ours.

Julien se mit à courir ; ils coururent. Le serpent sifflait, les bêtes puantes bavaient. Le sanglier lui frottait les talons avec ses défenses, le loup l'intérieur des mains avec les poils de son museau. Les singes le pinçaient en grimaçant, la fouine se roulait sur ses pieds. Un ours, d'un revers de patte, lui enleva son chapeau ; et la panthère, dédaigneusement, laissa tomber une flèche qu'elle portait à sa gueule.

Une ironie perçait dans leurs allures sournoises. Tout en l'observant du coin de leurs prunelles, ils semblaient méditer un plan de vengeance ; et, assourdi par le bourdonnement des insectes, battu par des queues d'oiseau, suffoqué par des haleines, il marchait les bras tendus et les paupières closes comme un aveugle, sans même avoir la force de crier « grâce ! »

Le chant d'un coq vibra dans l'air. D'autres y répondirent ; c'était le jour ; et il reconnut, au-delà des orangers, le faîte de son palais.

Puis, au bord d'un champ, il vit, à trois pas d'intervalle, des perdrix rouges qui voletaient dans les chaumes. Il dégrafa son manteau, et l'abattit sur elles comme un filet. Quand il les eut découvertes, il n'en trouva qu'une seule, et morte depuis longtemps, pourrie.

Cette déception l'exaspéra plus que toutes les autres. Sa soif de carnage le reprenait; les bêtes manquant, il aurait voulu massacrer des hommes.

Il gravit les trois terrasses, enfonça la porte d'un coup de poing; mais, au bas de l'escalier, le souvenir de sa chère femme détendit son cœur. Elle dormait sans doute, et il allait la surprendre.

Ayant retiré ses sandales, il tourna doucement la serrure, et entra.

Les vitraux garnis de plomb obscurcissaient la pâleur de l'aube. Julien se prit les pieds dans des vêtements, par terre; un peu plus loin, il heurta une crédence encore chargée de vaisselle. «Sans doute, elle aura mangé», se dit-il; et il avançait vers le lit, perdu dans les ténèbres au fond de la chambre. Quand il fut au bord, afin d'embrasser sa femme, il se pencha sur l'oreiller où les deux têtes reposaient l'une près de l'autre. Alors, il sentit contre sa bouche l'impression d'une barbe.

Il se recula, croyant devenir fou; mais il revint près du lit, et ses doigts, en palpant, rencontrèrent des cheveux qui étaient très longs. Pour se convaincre de son erreur, il repassa lentement sa main sur l'oreiller. C'était bien une barbe, cette fois, et un homme! Un homme couché avec sa femme!

Éclatant d'une colère démesurée, il bondit sur eux à coups de poignard; et il trépignait, écumait, avec des hurlements de bête fauve. Puis il s'arrêta. Les morts, percés au cœur, n'avaient pas même bougé. Il écoutait attentivement leurs deux râles presque égaux, et, à mesure qu'ils s'affaiblissaient, un autre, tout au loin, les continuait. Incertaine d'abord, cette voix plaintive, longuement poussée, se rapprochait, s'enfla, devint cruelle et il reconnut, terrifié, le bramement du grand cerf noir.

Et comme il se retournait, il crut voir, dans l'encadrure de la porte, le fantôme de sa femme, une lumière à la main.

Le tapage du meurtre l'avait attirée. D'un large coup d'œil, elle comprit tout, et s'enfuyant d'horreur laissa tomber son flambeau.

Il le ramassa.

Son père et sa mère étaient devant lui, étendus sur le dos avec un trou dans la poitrine ; et leurs visages, d'une majestueuse douceur, avaient l'air de garder comme un secret éternel. Des éclaboussures et des flaques de sang s'étalaient au milieu de leur peau blanche, sur les draps du lit, par terre, le long d'un Christ d'ivoire suspendu dans l'alcôve. Le reflet écarlate du vitrail, alors frappé par le soleil, éclairait ces taches rouges, et en jetait de plus nombreuses dans tout l'appartement. Julien marcha vers les deux morts en se disant, en voulant croire, que cela n'était pas possible, qu'il s'était trompé, qu'il y a parfois des ressemblances inexplicables. Enfin, il se baissa légèrement pour voir de tout près le vieillard ; et il aperçut, entre ses paupières mal fermées, une prunelle éteinte qui le brûla comme du feu. Puis il se porta de l'autre côté de la couche, occupé par l'autre corps, dont les cheveux blancs masquaient une partie de la figure. Julien lui passa les doigts sous ses bandeaux, leva sa tête ; — et il la regardait, en la tenant au bout de son bras roidi, pendant que de l'autre main il s'éclairait avec le flambeau. Des gouttes, suintant du matelas, tombaient une à une sur le plancher.

À la fin du jour, il se présenta devant sa femme ; et, d'une voix différente de la sienne, il lui commanda premièrement de ne pas lui répondre, de ne pas l'approcher, de ne plus même le regarder, et qu'elle eût à suivre, sous peine de damnation, tous ses ordres qui étaient irrévocables.

Les funérailles seraient faites selon les instructions qu'il avait laissées par écrit, sur un prie-Dieu, dans la chambre des morts. Il lui abandonnait son palais, ses vassaux, tous ses biens, sans même retenir les vêtements de son corps, et ses sandales, que l'on trouverait au haut de l'escalier.

Elle avait obéi à la volonté de Dieu, en occasionnant son crime, et devait prier pour son âme, puisque désormais il n'existait plus.

*

On enterra les morts avec magnificence, dans l'église d'un monastère à trois journées du château. Un moine en cagoule rabattue suivit le cortège, loin de tous les autres, sans que personne osât lui parler.

Il resta pendant la messe, à plat ventre au milieu du portail, les bras en croix, et le front dans la poussière.

Après l'ensevelissement, on le vit prendre le chemin qui menait aux montagnes. Il se retourna plusieurs fois, et finit par disparaître.

## III.

Il s'en alla, mendiant sa vie par le monde.

Il tendait sa main aux cavaliers sur les routes, avec des génuflexions s'approchait des moissonneurs, ou restait immobile devant la barrière des cours; et son visage était si triste que jamais on ne lui refusait l'aumône.

Par esprit d'humilité, il racontait son histoire; alors tous s'enfuyaient, en faisant des signes de croix. Dans les villages où il avait déjà passé, sitôt qu'il était reconnu, on fermait les portes, on lui criait des menaces, on lui jetait des pierres. Les plus charitables posaient une écuelle sur le bord de leur fenêtre, puis fermaient l'auvent pour ne pas l'apercevoir.

Repoussé de partout, il évita les hommes; et il se nourrit de racines, de plantes, de fruits perdus, et de coquillages qu'il cherchait le long des grèves.

Quelquefois, au tournant d'une côte, il voyait sous ses yeux une confusion de toits pressés, avec des flèches de pierre, des ponts, des tours, des rues noires s'entrecroisant, et d'où montait jusqu'à lui un bourdonnement continuel.

Le besoin de se mêler à l'existence des autres le faisait descendre dans la ville. Mais l'air bestial des figures, le tapage des métiers, l'indifférence des propos glaçaient son cœur. Les jours de fête, quand le bourdon des cathédrales mettait en joie dès l'aurore le peuple entier, il regardait les habitants sortir de leurs maisons, puis les danses sur les places, les fontaines de cervoise dans les carrefours, les tentures de damas devant le logis des princes, et le soir venu, par le vitrage des rez-de-chaussée, les longues tables de famille où des aïeux tenaient des petits enfants sur leurs genoux; des sanglots l'étouffaient, et il s'en retournait vers la campagne.

Il contemplait avec des élancements d'amour les poulains dans les herbages, les oiseaux dans leurs nids, les insectes sur les fleurs; tous, à son approche, couraient plus loin, se cachaient effarés, s'envolaient bien vite.

Il rechercha les solitudes. Mais le vent apportait à son oreille comme des râles d'agonie; les larmes de la rosée tombant par terre lui rappelaient d'autres gouttes d'un poids plus lourd. Le soleil, tous les soirs, étalait du sang dans les nuages; et chaque nuit, en rêve, son parricide recommençait.

Il se fit un cilice avec des pointes de fer. Il monta sur les deux genoux toutes les collines ayant une chapelle à leur sommet. Mais l'impitoyable pensée obscurcissait la splendeur des tabernacles, le torturait à travers les macérations de la pénitence.

Il ne se révoltait pas contre Dieu qui lui avait infligé cette action, et pourtant se désespérait de l'avoir pu commettre.

Sa propre personne lui faisait tellement horreur qu'espérant s'en délivrer il l'aventura dans des périls. Il sauva des paralytiques des incendies, des enfants du fond des gouffres. L'abîme le rejetait, les flammes l'épargnaient.

Le temps n'apaisa pas sa souffrance. Elle devenait intolérable. Il résolut de mourir.

Et un jour qu'il se trouvait au bord d'une fontaine, comme il se penchait dessus pour juger de la profondeur de l'eau, il vit paraître en face de lui un vieillard tout décharné, à barbe blanche et d'un aspect si lamentable qu'il lui fut impossible de retenir ses pleurs. L'autre, aussi, pleurait. Sans reconnaître son image, Julien se rappelait confusément une figure ressemblant à celle-là. Il poussa un cri; c'était son père; et il ne pensa plus à se tuer.

Ainsi, portant le poids de son souvenir, il parcourut beaucoup de pays ; et il arriva près d'un fleuve dont la traversée était dangereuse, à cause de sa violence et parce qu'il y avait sur les rives une grande étendue de vase. Personne depuis longtemps n'osait plus le passer.

Une vieille barque, enfouie à l'arrière, dressait sa proue dans les roseaux. Julien en l'examinant découvrit une paire d'avirons ; et l'idée lui vint d'employer son existence au service des autres.

Il commença par établir sur la berge une manière de chaussée qui permettrait de descendre jusqu'au chenal ; et il se brisait les ongles à remuer les pierres énormes, les appuyait contre son ventre pour les transporter, glissait dans la vase, y enfonçait, manqua périr plusieurs fois.

Ensuite, il répara le bateau avec des épaves de navires, et il se fit une cahute avec de la terre glaise et des troncs d'arbres.

Le passage étant connu, les voyageurs se présentèrent. Ils l'appelaient de l'autre bord, en agitant des drapeaux ; Julien bien vite sautait dans sa barque. Elle était très lourde ; et on la surchargeait par toutes sortes de bagages et de fardeaux, sans compter les bêtes de somme, qui, ruant de peur, augmentaient l'encombrement. Il ne demandait rien pour sa peine ; quelques-uns lui donnaient des restes de victuailles qu'ils tiraient de leur bissac ou les habits trop usés dont ils ne voulaient plus. Des brutaux vociféraient des blasphèmes. Julien les reprenait avec douceur ; et ils ripostaient par des injures. Il se contentait de les bénir.

Une petite table, un escabeau, un lit de feuilles mortes et trois coupes d'argile, voilà tout ce qu'était son mobilier. Deux trous dans la muraille servaient de fenêtres. D'un côté s'étendaient à perte de vue des plaines stériles ayant sur leur surface de pâles étangs, çà et là ; et le grand fleuve, devant lui, roulait ses flots verdâtres. Au printemps, la terre humide avait une odeur de pourriture. Puis, un vent désordonné soulevait la poussière en tourbillons. Elle entrait partout, embourbait l'eau, craquait sous les gencives. Un peu plus tard, c'étaient des nuages de moustiques, dont la susurration et les piqûres ne s'arrêtaient ni jour ni nuit. Ensuite, survenaient d'atroces gelées qui donnaient aux choses la rigidité de la pierre, et inspiraient un besoin fou de manger de la viande.

Des mois s'écoulaient sans que Julien vît personne. Souvent il fermait les yeux, tâchant, par la mémoire, de revenir dans sa jeunesse; — et la cour d'un château apparaissait, avec des lévriers sur un perron, des valets dans la salle d'armes, et, sous un berceau de pampres, un adolescent à cheveux blonds entre un vieillard couvert de fourrures et une dame à grand hennin; tout à coup, les deux cadavres étaient là. Il se jetait à plat ventre sur son lit, et répétait en pleurant :

« Ah! Pauvre père! Pauvre mère! Pauvre mère! » Et tombait dans un assoupissement où les visions funèbres continuaient.

*

Une nuit qu'il dormait, il crut entendre quelqu'un l'appeler. Il tendit l'oreille et ne distingua que le mugissement des flots.

Mais la même voix reprit :

— « Julien! »

Elle venait de l'autre bord, ce qui lui parut extraordinaire, vu la largeur du fleuve.

Une troisième fois on appela :

— « Julien! »

Et cette voix haute avait l'intonation d'une cloche d'église.

Ayant allumé sa lanterne, il sortit de la cahute. Un ouragan furieux emplissait la nuit. Les ténèbres étaient profondes, et çà et là déchirées par la blancheur des vagues qui bondissaient.

Après une minute d'hésitation, Julien dénoua l'amarre. L'eau, tout de suite, devint tranquille, la barque glissa dessus et toucha l'autre berge, où un homme attendait.

Il était enveloppé d'une toile en lambeaux, la figure pareille à un masque de plâtre et les deux yeux plus rouges que des charbons. En approchant de lui la lanterne, Julien s'aperçut qu'une lèpre hideuse le recouvrait; cependant, il avait dans son attitude comme une majesté de roi.

Dès qu'il entra dans la barque, elle enfonça prodigieusement, écrasée par son poids; une secousse la remonta; et Julien se mit à ramer.

À chaque coup d'aviron, le ressac des flots la soulevait par l'avant. L'eau, plus noire que de l'encre, courait avec furie des deux côtés du bordage. Elle creusait des abîmes, elle faisait des montagnes, et la chaloupe sautait dessus, puis redescendait dans des profondeurs où elle tournoyait, ballottée par le vent.

Julien penchait son corps, dépliait les bras, et, s'arcboutant des pieds, se renversait avec une torsion de la taille, pour avoir plus de force. La grêle cinglait ses mains, la pluie coulait dans son dos, la violence de l'air l'étouffait, il s'arrêta. Alors le bateau fut emporté à la dérive. Mais, comprenant qu'il s'agissait d'une chose considérable, d'un ordre auquel il ne fallait pas désobéir, il reprit ses avirons; et le claquement des tolets coupait la clameur de la tempête.

La petite lanterne brûlait devant lui. Des oiseaux, en voletant, la cachaient par intervalles. Mais toujours il apercevait les prunelles du Lépreux qui se tenait debout à l'arrière, immobile comme une colonne.

Et cela dura longtemps, très longtemps!

Quand ils furent arrivés dans la cahute, Julien ferma la porte; et il le vit siégeant sur l'escabeau. L'espèce de linceul qui le recouvrait était tombé jusqu'à ses hanches; et ses épaules, sa poitrine, ses bras maigres disparaissaient sous des plaques de pustules écailleuses. Des rides énormes labouraient son front. Tel qu'un squelette, il avait un trou à la place du nez; et ses lèvres bleuâtres dégageaient une haleine épaisse comme un brouillard, et nauséabonde.

— « J'ai faim ! » dit-il.

Julien lui donna ce qu'il possédait, un vieux quartier de lard et les croûtes d'un pain noir.

Quand il les eut dévorés, la table, l'écuelle et le manche du couteau portaient les mêmes taches que l'on voyait sur son corps.

Ensuite, il dit : — « J'ai soif ! »

Julien alla chercher sa cruche ; et, comme il la prenait, il en sortit un arôme qui dilata son cœur et ses narines. C'était du vin ; quelle trouvaille ! Mais le Lépreux avança le bras, et d'un trait vida toute la cruche.

Puis il dit : — « J'ai froid ! »

Julien, avec sa chandelle, enflamma un paquet de fougères, au milieu de la cabane.

Le Lépreux vint s'y chauffer ; et, accroupi sur les talons, il tremblait de tous ses membres, s'affaiblissait ; ses yeux ne brillaient plus, ses ulcères coulaient, et d'une voix presque éteinte, il murmura :

— « Ton lit ! »

Julien l'aida doucement à s'y traîner, et même étendit sur lui, pour le couvrir, la toile de son bateau.

Le Lépreux gémissait. Les coins de sa bouche découvraient ses dents, un râle accéléré lui secouait la poitrine, et son ventre, à chacune de ses aspirations, se creusait jusqu'aux vertèbres.

Puis il ferma les paupières.

— « C'est comme de la glace dans mes os ! Viens près de moi ! »

Et Julien, écartant la toile, se coucha sur les feuilles mortes, près de lui, côte à côte.

Le Lépreux tourna la tête.

— « Déshabille-toi, pour que j'aie la chaleur de ton corps ! »

Julien ôta ses vêtements ; puis, nu comme au jour de sa naissance, se replaça dans le lit ; et il sentait contre sa cuisse la peau du Lépreux, plus froide qu'un serpent et rude comme une lime.

Il tâchait de l'encourager ; et l'autre répondait, en haletant :

— « Ah ! Je vais mourir !... Rapproche-toi, réchauffe-moi ! Pas avec les mains ! Non ! Toute ta personne ! »

Julien s'étala dessus complètement, bouche contre bouche, poitrine sur poitrine.

Alors le Lépreux l'étreignit; et ses yeux tout à coup prirent une clarté d'étoiles; ses cheveux s'allongèrent comme les rais du soleil; le souffle de ses narines avait la douceur des roses; un nuage d'encens s'éleva du foyer, les flots chantaient.

Cependant une abondance de délices, une joie surhumaine descendait comme une inondation dans l'âme de Julien pâmé; et celui dont les bras le serraient toujours grandissait, grandissait, touchant de sa tête et de ses pieds les deux murs de la cabane. Le toit s'envola, le firmament se déployait; — et Julien monta vers les espaces bleus, face à face avec Notre-Seigneur Jésus, qui l'emportait dans le ciel.

Et voilà l'histoire de saint Julien l'hospitalier, telle à peu près qu'on la trouve, sur un vitrail d'église, dans mon pays.

20 Glasfenster mit der Legende von Sankt Julian dem Gastfreien, Detail: Julian tötet seine Eltern in seinem Bett, 13. Jahrhundert, Kathedrale von Rouen, nördlicher Chorumgang

# Die Legende von Sankt Julian dem Gastfreien[1]

Gustave Flaubert

## I.

Julians Vater und Mutter bewohnten ein Schloß; das stand am Abhang eines Hügels, mitten in den Wäldern. Die vier Ecktürme hatten spitze, mit Bleiziegeln gedeckte Dächer, und das Fundament der Mauern stützte sich auf Felsblöcke, die jäh abfielen, bis auf den Grund der Wassergräben.

Das Pflaster des Hofes war sauber wie die Fliesen in einer Kirche. Lange Dachrinnen, in Gestalt von Drachen mit dem Rachen nach unten, spien das Regenwasser in die Zisterne; und auf den Fenstersimsen aller Stockwerke sprossen in bemalten Tontöpfen Königskraut oder Heliotrop.

Eine zweite, aus Pfählen bestehende Einfriedung umschloß zunächst einen Obstgarten, dann ein Beet, wo Kombinationen von Blumen geheimnisvolle Figuren bildeten, weiter Laubengänge aus Weinreben zum Luftschöpfen und ein Mailspiel, das der Zerstreuung der Pagen diente. Auf der andern Seite befanden sich der Hundestall, die Pferdeställe, die Bäckerei, die Kelter und die Scheunen. Eine Trift von grünem Rasen zog sich rings herum, ihrerseits wieder von einer starken Dornenhecke umgeben.

Man lebte seit so langer Zeit in Frieden, daß das Fallgatter sich nicht mehr senkte; die Gräben waren voll Wasser; Schwalben bauten ihre Nester in den Spalten der Schieß-

1 BoD-Nachdruck der Erstübersetzung von Ernst Wilhelm Fischer, 1907: Gustave Flaubert, *Drei Erzählungen. Ein schlichtes Herz / Die Legende von Sankt Julian dem Gastfreien / Herodias*, hg. von Karl-Maria Guth, Berlin 2016, S. 35–60.

scharten; und der Bogenschütze, der den ganzen Tag über auf dem Mittelwall auf und ab spazierte, verzog sich, sobald die Sonne zu stark schien, in das Wachthäuschen und schlief ein wie ein Mönch.

Im Innern sah man nur glänzende Eisenbeschläge; Wandteppiche hielten in den Zimmern die Kälte ab; und die Schränke quollen über von Leinen, die Weintonnen häuften sich in den Kellern, die eichenen Truhen krachten unter der Last der Geldsäcke.

Im Waffensaal erblickte man zwischen Standarten und Köpfen von wilden Tieren Waffen aller Zeiten und aller Völker, von den Schleudern der Amalekiter und den Wurfspießen der Garamanten bis zu den kurzen Schwertern der Sarazenen und den Panzerhemden der Normannen.

An dem größten Bratspieß der Küche konnte man einen Ochsen wenden; die Kapelle war von einem Prunk wie das Bethaus eines Königs. An einem abgelegenen Ort gab es sogar ein römisches Bad, aber der edle Herr versagte sich seine Benutzung, da das nach seiner Schätzung eine Sitte der Heiden war.

Stets in einen Fuchspelz gehüllt, schritt er durch sein Haus, sprach seinen Vasallen Recht, schlichtete die Streitigkeiten der Nachbarn. Im Winter schaute er dem Fall der Schneeflocken zu oder ließ sich Geschichten vorlesen. Mit Anbruch der ersten schönen Tage ritt er auf seinem Maultier die kleinen Wege entlang, zur Seite der grünenden Saatfelder, und er schwatzte mit den Landleuten, denen er Ratschläge erteilte. Nach vielen Abenteuern hatte er ein Fräulein von hoher Abkunft zur Gattin gewählt.

Sie hatte eine sehr weiße Haut, war etwas stolz und von ernster Gemütsart. Die Auswüchse ihres Kopfputzes streiften den Querbalken der Türen; die Schleppe ihres Tuchgewandes schleifte drei Schritte hinter ihr. Ihr Hauswesen war geregelt wie das Innenleben eines Klosters; jeden Morgen verteilte sie die Arbeit an die Mägde, überwachte die Bereitung der eingemachten Früchte und Salben, spann am

Rocken oder stickte Altardecken. Kraft ihrer Gebete zu Gott kam sie zu einem Sohn.

Da war große Freude, und man gab ein Gastmahl, das drei Tage und vier Nächte dauerte, im Lichterglanz der Wachskerzen, beim Klang der Harfen, wobei der Boden mit Blättern bestreut war. Man aß die seltensten Gewürze zu Hühnern so groß wie Hammel; zur Belustigung entstieg einer Pastete ein Zwerg, und da die Schalen nicht ausreichten, denn die Menge wuchs beständig, war man genötigt, aus den Hörnern und den Helmen zu trinken.

Die junge Mutter wohnte diesen Festlichkeiten nicht bei. Sie hielt sich ruhig im Bett. An einem Abend erwachte sie, und sie bemerkte in einem Mondstrahl, der durch das Fenster fiel, etwas wie einen sich bewegenden Schatten. Es war ein Greis in einer Mönchskutte aus grobem Stoff mit einem Rosenkranz an der Seite, einem Bettelsack auf der Schulter, ganz die Erscheinung eines Einsiedlers. Er näherte sich dem Kopfende ihres Bettes und sagte, ohne die Lippen zu bewegen:

»Freue dich, o Mutter! Dein Sohn wird ein Heiliger sein!«

Sie wollte schreien; doch auf dem Strahl des Mondes gleitend, erhob er sich langsam in die Luft und verschwand. Der Gesang des Gelages wurde lauter. Sie hörte die Stimmen der Engel; und ihr Haupt sank auf das Kopfkissen, über dem ein Märtyrergebein in einem Rahmen aus Karfunkeln hing.

Am folgenden Tag erklärten sämtliche Diener auf Befragen, daß sie keinen Eremiten gesehen hätten. Traum oder Wirklichkeit, es mußte eine Mitteilung des Himmels sein; aber sie hütete sich, irgend etwas davon zu sagen, aus Furcht, man möchte sie des Hochmuts anklagen.

Die Geladenen brachen in der Dämmerung auf; und der Vater Julians befand sich außerhalb des Ausfalltores, wohin er den letzten Gast soeben geleitet hatte, als plötzlich im Nebel ein Bettler vor ihm stand. Es war ein Böhme, mit geflochtenem Bart, mit silbernen Spangen an beiden Armen und flammenden Augen. Er stammelte mit begeisterter Miene folgende Worte, ohne Zusammenhang:

»Oh! oh! Dein Sohn! ... viel Blut! ... viel Ruhm! ... immer im Glück! Die Familie eines Kaisers.«

Und während er sich bückte, um das Almosen aufzuheben, verlor er sich im Grase und verschwand.

Der gute Schloßherr blickte nach rechts und nach links, rief, so laut er konnte. Niemand! Der Wind pfiff, die Morgennebel verflogen.

Er schrieb diese Erscheinung der Ermüdung seines Kopfes zu, da er zu wenig geschlafen hatte. »Wenn ich davon spreche, wird man sich über mich lustig machen«, dachte er bei sich. Indessen blendete ihn der Glanz, der seinem Sohn bestimmt war, obgleich die Prophezeiung nicht klar war und er sogar zweifelte, sie gehört zu haben.

Die Gatten verbargen ihr Geheimnis voreinander. Aber beide liebten das Kind mit gleicher Liebe; und sie achteten es als von Gott gezeichnet und behandelten es mit unendlicher Rücksicht. Sein Bettchen war mit dem feinsten Flaum gefüllt; beständig brannte darüber eine Lampe in Form einer Taube; drei Ammen wiegten es; und wenn es so fest in seine Windeln gewickelt war, glich es mit seiner rosigen Miene und seinen blauen Augen, in seinem Brokatmantel und seinem perlenbesetzten Häubchen einem kleinen Jesuskind. Die Zähne kamen ihm, ohne daß es ein einziges Mal weinte.

Als es sieben Jahre alt war, brachte ihm seine Mutter das Singen bei. Damit es mutig werde, setzte sein Vater es auf ein großes Pferd. Das Kind lächelte vor Vergnügen und war bald mit allem vertraut, was man über Streitrosse wissen muß.

Ein alter, sehr gelehrter Mönch lehrte es die Heilige Schrift, die arabischen Zahlen, die lateinischen Buchstaben und auch, wie man hübsche Malereien auf Pergament macht. Sie arbeiteten zusammen, ganz oben in einem kleinen Turm, abseits vom Lärm.

Wenn die Lektion zu Ende war, stiegen sie in den Garten hinab, wo sie, auf und ab spazierend, die Blumen studierten.

Manchmal sah man unten im Tal eine Reihe von Lasttieren vorbeiziehen, die von einem orientalisch gekleideten Mann zu Fuß angeführt wurden. Der Schloßherr, der in ihm einen Kaufmann erkannt hatte, sandte einen Diener nach ihm aus. Der Fremde faßte Vertrauen und bog von seinem Weg ab; und nachdem er ins Sprechzimmer eingelassen war, nahm er aus seinen Koffern Samt- und Seidenwaren, Goldschmiedearbeiten, Spezereien und merkwürdige Sachen, deren Verwendung unbekannt war; und schließlich ging der Kerl mit einem tüchtigen Profit davon, ohne daß ihm irgendwie Gewalt geschehen war. Andere Male klopfte eine Schar Pilger an die Tür. Ihre durchnäßten Kleider dampften am Herd; und wenn sie sich gesättigt hatten, erzählten sie ihre Reisen: das Umherirren der Schiffe auf dem schäumenden Meer, ihre Wanderungen durch den brennenden Sand, die Wildheit der Heiden, die Höhlen Syriens, die Krippe und das Heilige Grab. Dann schenkten sie dem jungen Herrn Muscheln von ihren Mänteln.

Häufig veranstaltete der Schloßherr für seine alten Waffengefährten ein Gelage. Während sie tranken, gedachten sie ihrer Kriege, der Stürme auf die Festungen mit dem Dröhnen der Maschinen und den erstaunlichen Wunden. Julian, welcher ihnen zuhörte, stieß dabei Schreie aus; dann zweifelte sein Vater nicht, daß er einst ein Eroberer sein würde. Doch wenn man am Abend aus dem Angelus kam und er an den sich verneigenden Armen vorbeischritt, griff er mit so viel Bescheidenheit und mit einem so edlen Ausdruck in seine Börse, daß seine Mutter fest damit rechnete, ihn einmal als Erzbischof zu sehen.

In der Kapelle war sein Platz an der Seite seiner Eltern; und so lange auch immer der Gottesdienst dauerte, er blieb auf den Knien in seinem Betstuhl, das Barett am Boden und die Hände gefaltet.

Eines Tages bemerkte er während der Messe, als er den Kopf hob, eine kleine weiße Maus, die aus einem Loch in der Mauer kam. Sie trippelte auf die erste Stufe des Altars und entfloh in derselben Richtung, nachdem sie zwei oder drei Wendungen nach rechts und links gemacht hatte. Am folgenden Sonntag störte ihn der Gedanke, er könnte sie wiedersehen. Sie kam; und jeden Sonntag wartete er auf sie, fühlte sich von ihr belästigt, faßte einen Haß auf sie und beschloß, sich ihrer zu entledigen.

Nachdem er also die Tür geschlossen und Kuchenkrümel auf die Stufen gestreut hatte, stellte er sich vor dem Loch auf, eine Gerte in der Hand.

Nach sehr langer Zeit erschien eine rosige Schnauze, dann die ganze Maus. Er tat einen leichten Schlag und blieb starr vor Staunen vor diesem kleinen Körper, der sich nicht mehr regte. Ein Blutstropfen bildete einen Fleck auf der Fliese. Schnell wischte er ihn mit seinem Ärmel weg, warf die Maus hinaus und sagte niemand etwas davon.

Alle möglichen Arten von kleinen Vögeln pickten im Garten die Samenkörner auf. Er kam auf die Idee, Erbsen in ein Schilfrohr zu stecken. Wenn er in einem Baum Gezwitscher hörte, näherte er sich leise, hob sein Rohr, blies die Backen auf, und die Tierchen regneten so reichlich auf seine Schultern herab, daß er aus Freude über seinen Streich sich des Lachens nicht erwehren konnte.

Als er eines Morgens über den Mittelwall zurückkam, sah er auf dem Rand der Brustwehr eine große Taube, die sich in der Sonne blähte. Julian blieb stehen, um sie zu betrachten; da die Mauer an dieser Stelle schadhaft war, hatte er leicht einen Stein zur Hand. Er schwang seinen Arm, und der Stein traf den Vogel, der geradenwegs in den Graben fiel.

Er eilte hinunter, sich am Gestrüpp verletzend, den Graben durchstöbernd, flinker als ein junger Hund.

Die Taube zuckte, mit gebrochenen Flügeln in den Ästen eines Ligusters hängend.

Die Zähigkeit ihres Lebens reizte das Kind. Es begann, sie zu erdrosseln, und die Krämpfe des Vogels machten sein Herz klopfen, erfüllten es mit wilder, ungestümer Lust. Bei den letzten Zuckungen fühlte es seine Sinne schwinden.

Beim Abendessen erklärte sein Vater, in seinem Alter sollte man das Weidwerk erlernen; und er suchte ein altes Schreibheft hervor, das in Fragen und Antworten die ganzen Freuden des Jagens enthielt. Ein Meister zeigte darin seinem Schüler die Kunst, Hunde und Falken abzurichten, Fallen zu stellen, wie man den Hirsch an seiner Losung, den Fuchs an seiner Spur, den Wolf an seinem Lager erkennen kann, das beste Mittel, ihre Fährten auszumachen, sie aufzuscheuchen, wo sich gewöhnlich ihre Schlupfwinkel finden, welches die günstigsten Winde sind nebst der Aufzählung der Schreie und den Regeln des Jagdrechts.

Als Julian alle diese Dinge auswendig aufsagen konnte, stellte ihm sein Vater eine Meute zusammen.

Man unterschied darin zunächst vierundzwanzig Berberwindhunde, schneller als Gazellen, aber zum Davonlaufen geneigt; dann siebenzehn Paare bretonischer Hunde, auf rotem Grunde weiß gesprenkelt, unerschütterlich in ihrer Zuverlässigkeit, von kräftiger Brust und laute Beller. Für die Sauhatz und gefährliche Widergänge waren vierzig Pinscher da, behaart wie Bären. Tatarenhunde, fast so groß wie Esel, feuerfarben, mit breitem Rücken und geraden Läufen, waren bestimmt, die Auerochsen zu verfolgen. Das schwarze Fell der Wachtelhunde glänzte wie Seide; das Gekläff der Talbots war ebenso laut wie das der englischen Vorstehhunde. In einem besonderen Hof knurrten, während sie an ihren Ketten rissen und die Augen rollten, acht alanische Doggen, furchtbare Tiere, die den Reiter von unten anfallen und sich vor Löwen nicht fürchten.

Alle fraßen Weizenbrot, soffen aus steinernen Trögen und trugen klangvolle Namen.

Die Meute wurde von der Falknerei womöglich noch übertroffen; der edle Herr hatte sich, vermöge seines Geldes, kaukasische Sperbermännchen, babylonische Würgefalken, Gerfalken aus Deutschland und Wanderfalken verschafft, die man in fernen Landen, auf den Klippen nordischer Meere gefangen hatte. Sie hausten in einem strohbedeckten Schuppen und hatten, der Größe nach auf der Sitzstange angekettet, vor sich ein Stück Rasen, worauf man sie von Zeit zu Zeit setzte, um sie nicht steif werden zu lassen.

Beutelnetze, Fußangeln, Wolfseisen, alle Arten von Fallen wurden angefertigt.

Oft ließ man Hühnerhunde ins Feld, die sehr schnell zum Stellen kamen. Dann gingen Piköre behutsam vor und breiteten vorsichtig ein ungeheures Netz über ihre regungslosen Leiber. Auf ein Zeichen fingen sie an zu bellen; Wachteln flogen auf; und die Damen der Umgegend, die zusammen mit ihren Gatten geladen waren, die Kinder und die Kammerfrauen, sie alle stürzten sich auf sie und fingen sie ohne Mühe.

Andere Male schlug man, um die Hasen aufzuscheuchen, die Trommel; Füchse stürzten in die Gruben, oder ein zuschnappendes Eisen erwischte einen Wolf am Fuß.

Doch Julian verachtete diese bequemen Kunstgriffe; er zog es vor, abseits von den anderen zu jagen, mit seinem Roß und seinem Falken. Es war fast immer ein großer, schneeweißer skythischer Wanderfalke. Über seiner Lederkappe wippte ein Federbusch, goldene Glöckchen zitterten an seinen blauen Krallen; und sicher hielt er sich auf seines Herrn Arm, während das Roß galoppierte und die Ebenen sich vor ihnen entrollten. Julian ließ ihn, die Leine lösend, plötzlich frei; das kühne Tier stieg gerade wie ein Pfeil in die Luft, und man sah zwei ungleiche Punkte kreisen, sich vereinigen und schließlich im Himmelsblau verschwinden. Nicht lange, und der Falke kehrte zurück, zerriß im Flug einen Vogel und setzte sich, mit zitternden Flügeln, wieder auf den Handschuh.

Julian beizte auf diese Weise den Reiher, den Milan, die Krähe und den Geier.

Er liebte es, das Jagdhorn blasend, seinen Hunden zu folgen, die den Abhang der Hügel hinabliefen, über die Bäche sprangen und wieder in den Wald hinaufjagten; und wenn der Hirsch unter ihren Bissen zu ächzen begann, stach er ihn hurtig ab und ergötzte sich dann an der Wut der Hunde, die ihn verschlangen, nachdem er auf seiner dampfenden Haut zerlegt war.

An nebligen Tagen begab er sich in einen Sumpf, um Gänse, Ottern und Wildenten aufzuspüren.

Drei Knechte erwarteten ihn mit Tagesanbruch am Fuß der Freitreppe, und der alte Mönch, der sich aus seiner Luke beugte, mochte ihm noch so viele Zeichen machen, um ihn zurückzurufen, Julian kehrte nicht um. In der sengenden Sonne, bei Regen, im Sturm zog er aus, trank aus der Hand das Wasser der Quellen, aß im Reiten wilde Äpfel und ruhte, wenn er müde war, unter einer Eiche; und inmitten der Nacht kam er heim, von Blut und Schmutz bedeckt, mit Dornen im Haar und mit dem Geruch der wilden Tiere behaftet. Er wurde wie sie. Wenn seine Mutter ihn küßte, ließ er kühl ihre Umarmungen geschehen, schien indessen tiefen Dingen nachzusinnen.

Er tötete Bären durch Dolchstöße, Stiere mit der Axt, Eber mit dem Spieß; und einmal verteidigte er sich sogar, nur mit einem Stock bewaffnet, gegen Wölfe, die am Fuße eines Galgens Leichen zernagten.

An einem Wintermorgen zog er vor Tag davon, wohl ausgerüstet, eine Armbrust über der Schulter und ein Bündel Pfeile am Sattelbogen.

Sein dänischer Hengst, dem zwei Dachshunde folgten, ließ in gleichmäßigem Schritt die Erde erdröhnen. Tropfen froren an seinem Mantel fest, ein heftiger Wind blies. Eine Seite des Himmels hellte sich auf, und im Schein der Dämmerung bemerkte er Kaninchen, die vor ihrem Bau herumhoppelten. Sogleich stürzten sich die beiden Dachshunde auf sie; und hitzig, bald hier, bald dort, zerbrachen sie ihnen das Rückgrat.

Bald kam er in einen Wald. Auf dem Ende eines Astes schlief ein vor Kälte erstarrter Auerhahn, den Kopf unter dem Flügel. Julian schnitt ihm mit einem Schwerthieb beide Füße ab und setzte, ohne ihn aufzuheben, seinen Weg fort.

Drei Stunden später befand er sich auf dem Gipfel eines so hohen Berges, daß der Himmel fast schwarz erschien. Vor ihm fiel, einen Abgrund überhängend, einer langen Mauer gleich, ein Fels ab, und an dessen äußerstem Ende schauten zwei Böcke in die Tiefe. Da er keine Pfeile hatte (denn sein Pferd war zurückgeblieben), kam ihm der Gedanke, zu ihnen hinabzusteigen; halb gebeugt, mit bloßen Füßen, gelangte er schließlich bis zum ersten der Böcke und stieß ihm einen Dolch in die Rippen. Der zweite sprang, von Schrecken gepackt, ins Leere. Julian schnellte hoch, um ihn zu treffen und fiel, mit dem rechten Fuß ausgleitend, auf den Kadaver des andern, das Gesicht über dem Abgrunde, die Arme ausgebreitet.

Zurück in der Ebene, folgte er den Weiden, die einen Fluß säumten. Kraniche, die sehr niedrig flogen, zogen von Zeit zu Zeit über seinem Kopf dahin. Julian erschlug sie mit seiner Peitsche, und verfehlte nicht einen.

Inzwischen hatte die lauere Luft den Rauhreif geschmolzen, breite Nebelstreifen wogten, und die Sonne kam hervor. Ganz in der Ferne sah er einen erstarrten See leuchten, der wie Blei aussah. Mitten im See schwamm ein Tier, das Julian nicht kannte, ein Biber mit schwarzer Schnauze. Trotz der Entfernung erlegte ihn ein Pfeil; und es tat ihm leid, daß er das Fell nicht mitnehmen konnte.

Dann bog er in einen Weg mit großen Bäumen ein, die mit ihren Gipfeln am Eingang eines Waldes gleichsam einen Triumphbogen bildeten. Ein Reh sprang aus dem Dickicht, ein Damhirsch erschien an einer Kreuzung, ein Dachs kroch aus seinem Bau hervor, ein Pfau schlug auf dem Rasen sein Rad; – und als er alle niedergemacht hatte, stellten sich andere Rehe, andere Damhirsche, andere Dachse, andere Pfauen ein und Amseln, Häher, Iltisse, Füchse, Igel, Luchse, eine Unzahl von Tieren, die bei jedem Schritt größer wurde. Sie umkreisten ihn, zitternd, mit einem Blick voll Sanftmut und Flehen. Aber Julian wurde des Niedermetzelns nicht müde, während er abwechselnd die Armbrust spannte, das Schwert aus der Scheide zog, mit seinem Hirschfänger zustach, und er dachte an nichts, hatte keine Erinnerung, von was es auch sei. Er war in irgendeinem beliebigen Land auf der Jagd, seit unbegrenzter Zeit, und allein durch die Tatsache seiner eigenen Existenz ging alles mit der Leichtigkeit vor sich, die man in Träumen empfindet. Ein außerordentlicher Anblick brachte ihn zum Einhalten. Ein kleines arenaförmiges Tal war voll von Hirschen; und sie wärmten sich, dicht aneinandergedrängt, mit ihrem Atem, den man durch den Nebel dampfen sah.

Die Aussicht auf ein Blutbad nahm ihm in freudiger Erregung während einiger Minuten den Atem. Dann stieg er vom Roß, krempelte seine Ärmel auf und begann zu schießen.

Beim Schwirren des ersten Pfeils wandten alle Hirsche den Kopf. Es bildeten sich leere Stellen in ihrer Masse; klagende Laute erhoben sich, und eine große Erregung ging durch die Herde.

Der Rand des Tals war zum Überspringen zu hoch. Die Hirsche bäumten sich in der Umfriedung und suchten zu entkommen. Julian zielte, schoß, und die Pfeile fielen nieder wie ein Gewitterregen. Die wild gewordenen Hirsche stießen sich, bäumten sich, stiegen übereinander, und ihre Körper mit den ineinander verschlungenen Geweihen bildeten einen kleinen Berg, der einstürzte, wenn er sich verschob.

Schließlich verendeten sie, auf den Sand hingestreckt, Schaum an den Nüstern, die Eingeweide hervorquellend, während die Zuckungen ihrer Leiber allmählich nachließen. Dann lag alles regungslos.

Die Nacht brach herein; und jenseits des Waldes leuchtete durch die Zwischenräume der Zweige der Himmel rot wie ein blutgetränktes Tuch.

Julian lehnte sich an einen Baum. Er betrachtete mit weit aufgerissenen Augen die Ungeheuerlichkeit des Gemetzels, ohne zu fassen, wie er es hatte begehen können.

Auf der andern Seite des Tals bemerkte er am Waldrand einen Hirsch, eine Hindin und ihr Kälbchen.

Der Hirsch, der schwarz und von ungeheurem Bau war, hatte ein sechzehnendiges Geweih und einen weißen Bart. Die Hindin, gelb wie welkes Laub, äste das Gras, und das gefleckte Kälbchen sog an ihrem Euter, ohne sie im Gehen zu stören.

Noch einmal schnarrte die Armbrust. Das Kälbchen war sofort tot. Da klagte seine Mutter, zum Himmel blickend, mit einer tiefen, herzzerreißenden menschlichen Stimme. Julian, außer sich, streckte sie mit einem Schuß mitten in die Brust nieder.

Der große Hirsch hatte ihn erblickt und machte einen Satz. Julian schickte ihm seinen letzten Pfeil. Er traf ihn an der Stirn, und der Pfeil blieb dort stecken.

Der große Hirsch schien ihn nicht zu spüren; und über die Toten steigend kam er immer näher, wollte sich auf ihn stürzen und ihn zerreißen; und Julian wich in einem unsagbaren Grauen zurück. Das wunderbare Tier blieb stehen; und mit flammenden Augen, feierlich wie ein Patriarch und Richter, wiederholte es dreimal, während in der Ferne eine Glocke klang:

»Sei verflucht! verflucht! verflucht! Eines Tages, grausames Herz, wirst du deinen Vater und deine Mutter ermorden!«

Er sank in die Knie, schloß langsam die Lider und verendete.

Julian war bestürzt, dann wurde er von plötzlicher Ermattung überwältigt; und ein Ekel, eine ungeheure Traurigkeit überkamen ihn. Die Stirn in den Händen, weinte er lange.

Sein Roß war verloren; seine Hunde hatten ihn verlassen; die Einsamkeit, die ihn umgab, schien ihm voll dräuender Gefahren. Da begann er, von Entsetzen gepackt, zu laufen, querfeldein, wählte aufs Geratewohl einen Weg und befand sich fast unmittelbar darauf am Tor des Schlosses.

In der Nacht konnte er nicht schlafen. Im flackernden Schein der Ampel erblickte er immer wieder den großen schwarzen Hirsch. Seine Prophezeiung verfolgte ihn; er kämpfte gegen sie an. »Nein! nein! nein! ich kann sie nicht töten!« Dann dachte er: »Wenn ich es aber wollte? ...« und er hatte Angst, der Teufel könnte ihm die Lust dazu eingeben.

Drei Monate hindurch betete seine Mutter in Ängsten am Kopfende seines Bettes, und seufzend und ohne Unterlaß durchwanderte sein Vater die Gänge. Er ließ die berühmtesten Meister unter den Ärzten kommen, die eine Unmenge Arzneien verordneten. Julians Krankheit, sagten sie, habe ihren Grund in einem unheilvollen Wind oder in einem Liebesverlangen. Doch der junge Mann schüttelte auf alle Fragen nur den Kopf.

Seine Kräfte kehrten zurück; und man führte ihn in den Hof, wobei ihn der alte Mönch und der edle Herr, jeder unter einem Arm, stützten.

Als er wieder vollkommen gesund war, weigerte er sich hartnäckig, zu jagen.

Sein Vater schenkte ihm, um ihm eine Freude zu machen, ein großes sarazenisches Schwert.

Es befand sich in einer Waffensammlung oben an einem Pfeiler. Um es zu erreichen, mußte man sich einer Leiter bedienen. Julian stieg hinauf. Das zu schwere Schwert entglitt seinen Fingern und streifte im Fallen den edlen Herrn so dicht, daß sein Überrock dadurch zerschnitten wurde; Julian glaubte seinen Vater getötet zu haben und fiel in Ohnmacht.

Von nun an fürchtete er die Waffen. Der Anblick eines bloßen Eisens ließ ihn erbleichen. Diese Schwäche bekümmerte seine Familie.

Schließlich befahl ihm der alte Mönch im Namen Gottes, der Ehre und seiner Vorfahren, sein ritterliches Handwerk wieder aufzunehmen.

Die Knappen belustigten sich alle Tage mit der Handhabung des Wurfspeers. Julian zeichnete sich bald darin aus. Er sandte den seinen nach den Hälsen von Flaschen, zerschlug die Zacken der Wetterfahne und traf auf hundert Schritt die Nägel in den Türen.

An einem Sommerabend, um die Stunde wo der Nebel die Dinge undeutlich macht, befand er sich im Laubengang des Gartens, als er ganz am Ende zwei weiße Flügel bemerkte, die auf der Höhe des Spaliers herumflatterten. Ohne Zweifel war es ein Storch; und er schleuderte seinen Wurfspeer.

Ein herzzerreißender Schrei.

Es war seine Mutter, deren Haube mit den langen Flügeln an die Mauer genagelt war.

Julian floh aus dem Schloß und wurde nicht mehr gesehen.

## II.

Er schloß sich einem Haufen vorüberziehender Abenteurer an.

Er lernte Hunger, Durst, Fieber und Ungeziefer kennen. Er gewöhnte sich an den Lärm der Handgemenge, an den Anblick der Sterbenden. Der Wind gerbte seine Haut. Seine Glieder wurden hart im Umgang mit den Waffen; und da er sehr stark, mutig, maßvoll und umsichtig war, erhielt er ohne Mühe den Befehl über eine Abteilung.

Beim Beginn der Schlachten riß er seine Soldaten durch eine mächtige Bewegung seines Schwertes mit. An einem geknoteten Strick erstieg er nachts die Mauern der Zitadellen, vom Sturm geschaukelt, während die Funken des griechischen Feuers sich an seinen Panzer hefteten und kochendes Pech und geschmolzenes Blei von den Zinnen strömten. Oft zerschmetterte ein Stein seinen Schild. Brücken, von Menschen überladen, stürzten unter ihm ein. Seinen Streitkolben schwingend erledigte er vierzehn Reiter. In der Stechbahn streckte er alle nieder, die sich stellten. Mehr als zwanzigmal hielt man ihn für tot.

Durch Gottes Gnade kam er immer davon; denn er beschützte die Männer der Kirche, die Waisen, die Witwen und besonders die Greise. Wenn er einen vor sich hergehen sah, rief er ihn an, um sein Gesicht zu sehen, als ob er Angst gehabt hätte, ihn aus Versehen zu töten.

Fliehende Sklaven, aufständische Bauern, Bastarde ohne Vermögen, alle Arten Unerschrockene strömten unter seinen Fahnen zusammen, und er bildete ein Heer.

Es wuchs. Er wurde berühmt. Man bemühte sich um ihn.

Abwechselnd unterstützte er den Dauphin von Frankreich und den König von England, die Tempelritter von Jerusalem, den Surena der Parther, den Negus von Abessinien und den Kaiser von Kalkutta. Er bekämpfte mit Fischschuppen bedeckte Skandinavier, Neger[2], die mit Rundschilden aus Nilpferdhaut ausgerüstet waren und auf roten Eseln ritten, goldfarbene Indier, die über ihren Diademen breite Säbel schwangen, die blanker waren als Spiegel. Er besiegte die Troglodyten und die Anthropophagen. Er durchzog so heiße Gegenden, daß unter der Sonnenhitze seine Haare von selbst in Brand gerieten wie Fackeln; und andere, die so kalt waren, daß sich die Arme vom Leibe lösten und zur Erde fielen; und Länder, wo es so viel Nebel gab, daß man marschierend von Spukgestalten begleitet wurde.

Bedrängte Republiken gingen ihn um Rat an. Bei Zusammenkünften mit Gesandten erlangte er unerhoffte Bedingungen. Wenn ein Monarch sich zu schlecht aufführte, erschien er plötzlich und machte ihm Vorhaltungen. Er befreite Völker. Er erlöste Königinnen, die in Türmen eingeschlossen waren. Kein anderer als er tötete die Viper von Mailand und den Drachen von Oberbirbach.

---

2 Flaubert benutzt das zeitgenössische Lexikon, dessen rassistische Untertöne heute untragbar sind.

Nun hatte sich der Kaiser von Occitanien, nach seinem Triumph über die spanischen Muselmanen, in wilder Ehe mit der Schwester des Kalifen von Cordoba verbunden; und er hatte von ihr eine Tochter, die er christlich erzog. Doch der Kalif, der sich den Anschein gab, sich bekehren zu wollen, machte ihm einen Besuch, mit zahlreichem Gefolge, metzelte seine ganze Besatzung nieder und versenkte ihn in ein Kerkerloch, wo er ihn schlecht behandelte, um Schätze von ihm zu erpressen.

Julian eilte ihm zu Hilfe, vernichtete das Heer der Ungläubigen, belagerte die Stadt, tötete den Kalifen, schnitt ihm den Kopf ab und warf ihn wie eine Kugel über die Befestigungsmauern. Dann zog er den Kaiser aus dem Gefängnis und ließ ihn in Gegenwart seines ganzen Hofes wieder seinen Thron besteigen.

Als Belohnung für einen solchen Dienst übersandte ihm der Kaiser Körbe voll Silber; Julian wollte es nicht. Im Glauben, er wolle noch mehr, bot er ihm drei Viertel seiner Reichtümer an; erneute Ablehnung; dann, sein Reich mit ihm zu teilen; Julian dankte; und der Kaiser weinte darüber vor Verdruß, da er nicht wußte, wie er seine Dankbarkeit bezeigen sollte, als er plötzlich an seine Stirn schlug und einem Höfling ein Wort ins Ohr flüsterte; die Vorhänge einer Wandverkleidung öffneten sich, und ein junges Mädchen erschien.

Ihre großen schwarzen Augen glänzten wie zwei milde Lampen. Ein bezauberndes Lächeln öffnete ihre Lippen. Ihr gelocktes Haar verfing sich in den Edelsteinen ihres halboffenen Gewandes; und unter ihrem durchsichtigen Unterkleid erriet man die Jugend ihres Körpers. Sie war ganz reizend, etwas rundlich, in der Taille aber schlank.

Julian war von Liebe hingerissen, um so mehr, als er bis dahin ein sehr keusches Leben geführt hatte.

Man gab ihm also die Tochter des Kaisers zur Frau, dazu ein Schloß, das sie von ihrer Mutter hatte; und als die Hochzeitsfestlichkeiten zu Ende waren, trennte man sich nach endlosen Höflichkeitsbezeugungen von beiden Seiten.

Es war ein Palast aus weißem Marmor, der auf einer Landzunge inmitten eines Orangenhains in maurischem Stil erbaut war. Blumenterrassen führten bis zum Ufer eines Golfs, wo rosige Muscheln unter den Schritten knirschten. Hinter dem Schloß dehnte sich ein Wald in der Form eines Fächers. Der Himmel war stets blau, und die Bäume neigten sich bald unter der Meeresbrise, bald unter dem Wind aus den Bergen, die in der Ferne den Horizont schlossen.

Die von Dämmerung erfüllten Gemächer wurden durch die Verkleidungen der Mauern erhellt. Hohe Säulen, schlank wie Schilfrohre, trugen die Wölbung der Kuppeln, die mit Stalaktiten nachahmenden Reliefs verziert waren.

Es gab Springbrunnen in den Sälen, Mosaiken in den Höfen, verzierte Wände, tausend architektonische Feinheiten, und überall herrschte eine solche Stille, daß man das Rascheln eines Schals oder das Echo eines Seufzers hören konnte.

Julian zog nicht mehr in den Krieg. Er ruhte aus inmitten eines friedlichen Volkes; und jeden Tag zog eine Menge mit Kniebeugen und Handküssen nach orientalischer Sitte an ihm vorbei.

In Purpur gekleidet, stand er auf eine Fensterbrüstung gelehnt, während er sich seiner Jagden von einst erinnerte; und er hätte in der Wüste hinter Gazellen und Straußen herrennen mögen, im Bambus verborgen den Leoparden auflauern, Wälder voll von Rhinozerossen durchqueren, die Gipfel der unzugänglichsten Berge erklimmen, um besser auf die Adler zielen zu können, und auf den Eismeeren die weißen Bären erlegen.

Im Traum sah er sich manchmal, wie unser Vater Adam, im Paradies, von allen Tieren umgeben; er tötete sie, indem er den Arm ausstreckte; oder sie zogen paarweise der Größe nach vorüber, von den Elefanten und den Löwen bis zu den Wieseln und den Enten, wie an dem Tag, als sie Noahs Arche bestiegen. Aus dem Schatten einer Höhle schleuderte er unfehlbare Wurfspeere auf sie; und es kamen andere, es nahm kein Ende; und er erwachte, die Augen wild rollend.

Befreundete Fürsten luden ihn zur Jagd ein. Er sagte stets ab, im Glauben, er könne durch diese Art Buße sein Unglück abwenden; denn es schien ihm das Schicksal seiner Eltern mit dem Morden der Tiere verknüpft zu sein. Doch litt er, weil er sie nicht sah, und sein anderes Verlangen wurde unerträglich.

Um ihn zu erheitern, ließ seine Gattin Gaukler und Tänzerinnen kommen.

Sie ließ sich mit ihm, in offener Sänfte, über Land tragen; zu anderen Zeiten saßen sie auf dem Bord eines Kahns und schauten den Fischen zu, die sich im himmelklaren Wasser tummelten. Oft warf sie ihm Blumen ins Gesicht; zu seinen Füßen kauernd spielte sie Weisen auf einer Mandoline mit drei Saiten; dann sagte sie, ihre beiden gefalteten Hände auf seine Schulter legend, mit zaghafter Stimme: »Was habt Ihr nur, lieber Herr?«

Er antwortete nicht oder brach in Schluchzen aus; eines Tages endlich gestand er ihr seine furchtbaren Gedanken.

Sie wies ihn zurück mit sehr einleuchtenden Gründen: sein Vater und seine Mutter waren wahrscheinlich tot; sollte er sie jemals wiedersehen, durch welchen Zufall, bei welchem Vorhaben käme er zu dieser Scheußlichkeit? Seine Angst war also grundlos, und er konnte sich wieder an das Jagen machen.

Julian lächelte, während er sie anhörte. Doch konnte er sich nicht entschließen, seinen Wunsch zu befriedigen.

Eines Abends im Monat August, als sie in ihrem Zimmer waren, hatte sie sich soeben niedergelegt, und er kniete zum Gebet nieder, als sie das Bellen eines Fuchses vernahmen, darauf leichte Schritte unter dem Fenster; und in der Dunkelheit erblickte er etwas wie Erscheinungen von Tieren. Die Versuchung war zu stark. Er langte nach seinem Köcher.

Sie schien überrascht.

»Um dir zu gehorchen!« sagte er, »bei Sonnenaufgang bin ich zurück.«

Sie jedoch fürchtete ein verhängnisvolles Abenteuer.

Er beruhigte sie, dann ging er, erstaunt über die Unbeständigkeit ihrer Laune.

Kurz darauf meldete ein Page, daß zwei Unbekannte in Ermangelung des abwesenden Herrn sogleich die Schloßherrin zu sehen begehrten.

Und bald traten ein alter Mann und ein altes Weib ins Zimmer, gebeugt, staubbedeckt, in leinenen Kleidern und beide auf einen Stab gestützt.

Sie faßten sich ein Herz und erklärten, daß sie Julian Nachrichten von seinen Eltern brächten.

Sie beugte sich zu ihnen, um sie zu verstehen.

Doch als die beiden sich durch Blicke verständigt hatten, fragten sie sie, ob er sie immer noch liebe, ob er zuweilen von ihnen spräche.

»O ja!« sagte sie.

Da riefen sie:

»Wir sind es!« und sie setzten sich, da sie sehr matt und von der Anstrengung erschöpft waren.

Nichts gab der jungen Frau die Gewißheit, daß ihr Gemahl der Sohn dieser Leute sei.

Sie lieferten ihr den Beweis, indem sie ihr bestimmte Male auf seiner Haut beschrieben.

Sie sprang von ihrem Lager auf, rief ihren Pagen und ließ ihnen ein Mahl auftragen.

Obgleich sie großen Hunger hatten, vermochten sie kaum zu essen; und sie beobachtete verstohlen das Zittern ihrer knochigen Hände, mit denen sie die Becher hielten.

Sie stellten ihr tausend Fragen über Julian. Sie antwortete auf jede, doch trug sie Sorge, den grausigen Gedanken nicht zu berühren, der sie betraf.

Als sie gesehen hatten, daß er nicht zurückkehrte, hatten sie ihr Schloß verlassen; und sie wanderten seit mehreren Jahren auf unbestimmte Hinweise hin, ohne die Hoffnung zu verlieren. Das hatte sie so viel Geld gekostet, für den Brückenzoll und für die Herbergen, für die Abgaben an die Fürsten und die Forderungen der Wegelagerer, daß ihre Geldtasche bis auf den Grund leer war und sie jetzt betteln gingen. Was tat es, da sie bald ihren Sohn umarmten? Sie priesen sein Glück, daß er eine so reizende Frau hatte, und wurden nicht müde, sie zu betrachten und zu küssen.

Die Pracht des Gemaches setzte sie in großes Erstaunen; und der Greis, der die Mauern gemustert hatte, fragte, warum sich dort das Wappen des Kaisers von Occitanien befände.

Sie erwiderte:

»Er ist mein Vater!«

Da schauerte er zusammen, da er sich der Prophezeiung des Zigeuners erinnerte; und die Alte dachte an das Wort des Einsiedlers. Ohne Zweifel war der Ruhm ihres Sohnes nur die Morgenröte eines ewigen Glanzes; und alle beide verharrten in stummem Staunen beim Schein des Leuchters, der den Tisch erhellte.

In ihrer Jugend mußten sie sehr schön gewesen sein. Die Mutter hatte noch immer ihr volles Haar, das in feinen schneeweißen Strähnen bis auf ihre Wangen herabfiel; und der Vater glich mit seiner hohen Gestalt und seinem großen Bart einer Kirchenstatue.

Julians Frau bewog sie, nicht auf ihn zu warten. Sie überließ ihnen ihr eigenes Bett und schloß das Fenster; sie schliefen ein. Der Tag dämmerte, und hinter den Scheiben begannen die kleinen Vögel zu singen.

*

Julian hatte den Park durchquert; und er ging federnden Schritts durch den Wald, sich an dem weichen Boden und der milden Luft weidend.

Die Schatten der Bäume breiteten sich über das Moos. Manchmal bildete der Mond weiße Flächen in den Lichtungen, und er zögerte weiterzugehen, da er eine Wasserlache wahrzunehmen glaubte, oder die Oberfläche stiller Weiher vermengte sich mit der Farbe des Grases. Überall war tiefe

Stille; und er entdeckte keines der Tiere, die wenige Minuten vorher noch um sein Schloß gestrichen waren.

Der Wald wurde dichter, die Dunkelheit wurde tief. Wellen heißen Windes, voll von erschlaffenden Düften, zogen vorüber. Er sank in einen Haufen welker Blätter, und er lehnte sich an eine Eiche, um ein wenig Luft zu schöpfen.

Plötzlich sprang hinter seinem Rücken eine schwarze Masse auf, ein Eber. Julian hatte keine Zeit, seinen Bogen zu ergreifen, und er grämte sich darüber wie über ein Unglück.

Dann, als er aus dem Wald trat, bemerkte er einen Wolf, der an einer Hecke entlanglief.

Julian sandte ihm einen Pfeil nach. Der Wolf blieb stehen, drehte den Kopf, um ihn zu sehen, und setzte sich wieder in Trab. Er lief, immer denselben Abstand einhaltend, blieb von Zeit zu Zeit stehen und begann, sobald auf ihn angelegt wurde, zu fliehen.

Auf diese Weise durchquerte Julian eine endlose Ebene, dann ging es über Sandhügel, und endlich befand er sich auf einer Hochebene, von wo man weite Strecken des Landes überschaute. Flache Steine lagen vereinzelt zwischen verfallenen Gewölben. Man stolperte über Totengebeine; hier und da neigten sich wurmstichige Kreuze von jämmerlichem Anblick. Im unbestimmten Schatten der Gräber aber regten sich Gestalten; und erschreckt und keuchend sprangen Hyänen daraus hervor. Mit ihren Krallen auf den Fliesen tappend, kamen sie an ihn heran und schnupperten, das Maul aufreißend, an ihm herum, wobei ihr Zahnfleisch sichtbar wurde. Er zog sein Schwert. Sie stoben zugleich in allen Richtungen davon und verloren sich, ihren hinkenden und doch eiligen Lauf fortsetzend, in der Ferne, in einer Staubwolke.

Eine Stunde später begegnete er in einer Schlucht einem wütenden Stier mit vorgestreckten Hörnern, der mit seinem Huf im Sande scharrte. Julian stieß ihm seine Lanze gegen die Wamme. Sie prallte ab, als ob das Tier aus Bronze gewesen wäre; er schloß die Augen, in Erwartung des Todes. Als er sie wieder öffnete, war der Stier verschwunden.

Da wand sich sein Herz vor Scham. Eine höhere Macht lähmte seine Kraft; und um heimzukehren, trat er wieder in den Wald.

Lianen versperrten den Weg; und er durchschnitt sie mit seinem Schwert, als plötzlich ein Marder zwischen seinen Beinen durchglitt; ein Panther tat einen Satz über seine Schulter, eine Schlange ringelte sich um eine Esche.

In ihrem Laubwerk saß eine ungeheure Dohle, die Julian anschaute; zwischen den Zweigen sprühten hier und dort Unmengen von großen Funken, als ob der Himmel alle seine Sterne hätte in den Wald herabregnen lassen. Es waren die Augen von Tieren: Wildkatzen, Eichhörnchen, Eulen, Papageien, Affen.

Julian schnellte seine Pfeile auf sie ab; die Pfeile mit ihrem Gefieder setzten sich auf die Blätter wie weiße Schmetterlinge. Er warf mit Steinen nach ihnen; die Steine fielen herab, ohne etwas zu treffen. Er verfluchte sich, hätte sich schlagen mögen, stieß Verwünschungen aus, erstickte vor Wut.

Und alle Tiere, die er verfolgt hatte, stellten sich ein, indem sie um ihn einen engen Kreis schlossen. Teils saßen sie auf ihrem Hinterteil, teils hatten sie sich zu ihrer ganzen Länge aufgerichtet. Er harrte in ihrer Mitte, starr vor Entsetzen, unfähig der geringsten Bewegung. Mit der äußersten Aufbietung seines Willens tat er einen Schritt; diejenigen, die auf den Zweigen der Bäume saßen, breiteten ihre Flügel aus, die, welche auf dem Boden hockten, setzten sich in Bewegung; und alle begleiteten ihn.

Die Hyänen gingen ihm voraus, der Wolf und der Eber hinter ihm her. Der Stier zu seiner Rechten wiegte den Kopf; und zu seiner Linken ringelte sich die Schlange durch das Gras, während der Panther, seinen Rücken krümmend, mit leisen Schritten und in großen Sätzen vorankam. Er selbst ging so langsam wie möglich, um sie nicht zu reizen; und aus der Tiefe der Gebüsche sah er Stachelschweine, Füchse, Vipern, Schakale und Bären hervorkommen.

Julian begann zu laufen; sie liefen mit. Die Schlange zischte, die übelriechenden Tiere geiferten. Der Eber rieb seine Hauer an seinen Fersen, der Wolf seine Schnauzhaare an seiner inneren Handfläche. Die Affen zwickten ihn, Fratzen schneidend, der Marder rollte sich zu seinen Füßen. Ein Bär schlug ihm mit seiner Tatze den Hut herab; und der Panther ließ verächtlich einen Pfeil fallen, den er im Maul trug.

Spottlust sprach aus ihrem tückischen Gebaren. Während sie ihn aus ihren Augenwinkeln beobachteten, schienen sie über einem Racheplan zu brüten; und betäubt vom Summen der Insekten, geschlagen von den Schwänzen der Vögel, erstickt vom Atem der Tiere, lief er mit ausgestreckten Armen und geschlossenen Lidern, wie ein Blinder, ohne auch nur die Kraft zu haben, »Gnade!« zu rufen.

Ein Hahnenschrei durchzitterte die Luft. Andere antworteten; es ward Tag; und über den Orangenbäumen erkannte er die Zinnen seines Palastes.

Dann erblickte er am Rande eines Feldes, drei Schritt von sich entfernt, rote Rebhühner, die über die Stoppeln flatterten. Er band seinen Mantel ab und schlug ihn wie ein Netz über sie. Als er sie aufdeckte, fand er nur ein einziges, seit langem totes, verwestes.

Diese Täuschung erbitterte ihn mehr als alle anderen. Sein Blutdurst packte ihn aufs neue; da sich keine Tiere fanden, hätte er Menschen niedermetzeln mögen.

Er erstieg die drei Terrassen und stieß die Tür mit einem Faustschlag auf; doch unten an der Treppe beschwichtigte die Erinnerung an seine liebe Frau sein Herz. Sie schlief gewiß, und er würde sie überraschen.

Nachdem er seine Sandalen abgezogen hatte, öffnete er leise das Schloß und trat ein. Die bleigefaßten Scheiben schwächten das blasse Licht der Morgendämmerung. Julians Füße verwickelten sich in Kleider, die am Boden lagen; etwas weiter stieß er gegen eine mit gebrauchtem Geschirr beladene Kredenz. »Sie wird gegessen haben«, sagte er sich und schritt zum Bett, das sich im Hintergrund des Zimmers in der Dunkelheit verlor. Am Rand beugte er sich, um seine Frau zu umarmen, über das Kopfkissen, auf dem die beiden Häupter beieinander ruhten. Da empfand sein Mund den Druck eines Bartes.

Er fuhr zurück und glaubte, verrückt zu werden; doch er kam zum Bett zurück, und tastend fanden seine Finger Haare, die sehr lang waren. Um sich zu überzeugen, daß er sich geirrt hatte, strich er noch einmal langsam mit der Hand über das Kissen. Es war wirklich ein Bart, und ein Mann! ein Mann, der mit seiner Frau im Bett lag.

In maßlosem Zorn stürzte er sich auf sie, mit dem Dolch um sich stechend; und er stampfte mit den Füßen, schäumte und heulte wie ein wildes Tier. Dann hielt er ein. Die Toten, ins Herz getroffen, hatten sich nicht einmal gerührt. Er horchte gespannt auf das fast gleiche Röcheln der beiden, und in dem Maße, wie es schwächer wurde, wurde es von jemand anders ganz in der Ferne aufgenommen. Anfangs unbestimmt, näherte sich diese klagende, langgezogene Stimme, schwoll an, wurde grausig; und entsetzt erkannte er das Schreien des großen schwarzen Hirschs.

Und wie er sich umwandte, glaubte er im Türrahmen das Gespenst seiner Frau mit einem Licht in der Hand zu erblicken.

Der Lärm des Mordes hatte sie herbeigeführt. Mit einem Blick begriff sie alles, und vor Entsetzen fliehend, ließ sie ihre Fackel fallen.

Er hob sie auf.

Sein Vater und seine Mutter lagen vor ihm, auf dem Rücken ausgestreckt und mit einer Wunde in der Brust; und ihre Gesichter, von majestätischer Sanftheit, schienen ein ewiges Geheimnis zu hüten. Spritzer und Flecken von Blut waren auf ihrer weißen Haut, den Bettlaken, auf der Erde und an einem elfenbeinernen Christus, der im Alkoven hing. Der scharlachfarbene Widerschein der Scheibe, die gerade von der Sonne getroffen wurde, beleuchtete diese roten Flecken und streute ihrer noch mehr ins Zimmer. Julian ging auf die Toten zu, während er sich sagte, während er glauben wollte, daß das nicht möglich sei, daß er sich getäuscht habe, daß es manchmal unerklärliche Ähnlichkeiten gäbe. Schließlich beugte er sich leicht nieder, um den Greis ganz aus der Nähe zu sehen; und er bemerkte zwischen seinen nicht ganz geschlossenen Lidern ein erloschenes Auge, das ihn wie Feuer brannte. Dann begab er sich auf die andere Seite des Lagers, wo der andere Körper lag, dessen weißes Haar einen Teil des Gesichts verbarg. Julian schob seine Finger unter ihre Strähnen und hob ihr den Kopf; – und er betrachtete sie, sie mit seinem erstarrten Arm haltend, während er in der andern Hand die Fackel hielt. Tropfen um Tropfen sickerte aus dem Polster und fiel auf die Diele.

Als der Tag sich neigte, erschien er bei seiner Frau; und mit einer Stimme, die nicht die seine war, befahl er ihr zuerst, ihm nicht zu antworten, sich ihm nicht zu nähern, ihn nicht einmal anzusehen, und daß sie bei Strafe der Verfluchung alle seine Befehle zu vollziehen habe, die unwiderruflich seien.

Das Leichenbegängnis sollte nach den Anweisungen stattfinden, die er auf einem Betschemel im Zimmer der Toten schriftlich hinterlassen hatte. Er ließ ihr seinen Palast, seine Vasallen, all sein Gut, ohne auch nur die Kleider an seinem Leibe für sich zu behalten und seine Sandalen, die man oben an der Treppe finden würde.

Sie habe dem Willen Gottes gehorcht, indem sie sein Verbrechen veranlaßte, und solle für seine Seele beten, da er fortan nicht mehr existiere.

Man bestattete die Toten mit großer Pracht in der Kirche eines Klosters, das drei Tage von dem Schloß entfernt war. Ein Mönch mit übergezogener Kapuze folgte dem Zug, weit hinter allen anderen, ohne daß jemand gewagt hätte ihn anzureden. Während der Messe blieb er unter der Kirchentür flach auf dem Boden ausgestreckt liegen, mit gekreuzten Armen und die Stirn im Staub.

Nach der Bestattung sah man ihn den Weg einschlagen, der ins Gebirge führte. Er wandte sich mehrere Male um und verschwand schließlich.

## III.

Er zog davon, als Bettler sein Leben fristend. Unterwegs streckte er den Rittern seine Hand entgegen, mit gebeugten Knien näherte er sich den Schnittern, oder er harrte reglos vor den Schranken der Höfe; und sein Antlitz war so traurig, daß man ihm niemals das Almosen verweigerte.

Um sich zu demütigen, erzählte er seine Geschichte; dann flohen alle, das Zeichen des Kreuzes schlagend. In den Dörfern, durch die er schon gekommen war, schloß man die Türen, sobald man ihn wiedererkannte; man rief ihm Drohungen zu, man warf Steine nach ihm. Die Mildtätigsten stellten eine Schüssel auf den Rand ihres Fensters, dann schlossen sie den Laden, um ihn nicht zu sehen.

Überall verstoßen, floh er die Menschen und ernährte sich von Wurzeln, von Pflanzen, von Fallobst und von Muscheln, die er längs des Strandes suchte.

Manchmal, wenn er um einen Hügel bog, erblickte er vor sich ein Gewirr von dichtgedrängten Dächern mit steinernen Giebeln, Brücken, Türmen, dunklen, sich kreuzenden Gassen, aus denen ein ununterbrochenes Summen bis zu ihm heraufdrang.

Das Bedürfnis, am Dasein der anderen teilzunehmen, ließ ihn in die Stadt hinabsteigen. Aber der tierische Ausdruck der Gesichter, der Lärm der Geschäfte und die Gleichgültigkeit der Gespräche ließen sein Herz erstarren. An den Festtagen, wenn die dröhnenden Glocken der Kathedralen vom Tagesanbruch an das ganze Volk in Freude versetzten, sah er die Einwohner ihre Häuser verlassen; dann die Tänze auf den Plätzen, die Brunnen von Kräuterbier an den Straßenecken, die Damastbehänge vor den Behausungen der

Fürsten, und wenn der Abend gekommen war, durch die Scheiben der Erdgeschosse, die langen Familientafeln, wo Großeltern kleine Kinder auf ihren Knien hielten; Schluchzen erstickte ihn, und er wandte sich in die Felder.

Mit überquellender Liebe betrachtete er die Fohlen auf den Weiden, die Vögel in ihren Nestern, die Insekten auf den Blumen; alle suchten das Weite, wenn er sich nahte, versteckten sich erschreckt oder flogen eilig davon.

Er suchte die Einsamkeit. Doch der Wind trug etwas wie Todesröcheln an sein Ohr; die Tautränen, die zu Boden fielen, gemahnten ihn an andere Tropfen, von größerem Gewicht. Jeden Abend goß die Sonne Blut in die Wolken; und jede Nacht, im Traum, wiederholte sich sein Elternmord.

Er machte sich ein Büßerhemd mit eisernen Stacheln. Er erklomm auf den Knien alle Hügel, die eine Kapelle auf ihrem Gipfel hatten. Doch die erbarmungslose Erinnerung verdüsterte den Glanz der Heiligtümer, marterte ihn noch in den Kasteiungen der Buße.

Er lehnte sich nicht auf gegen Gott, der ihm diese Tat auferlegt hatte, war aber verzweifelt darüber, daß er sie hatte begehen können.

Seine eigene Person flößte ihm einen solchen Abscheu ein, daß er, in der Hoffnung, sich ihrer zu befreien, sich in Gefahren stürzte. Er rettete Gelähmte aus Feuersbrünsten, Kinder aus Abgründen. Der Abgrund gab ihn zurück, die Flammen verschonten ihn.

Die Zeit linderte nicht seine Qual. Sie wurde unerträglich. Er beschloß zu sterben.

Und eines Tages, am Rande eines Brunnens, sah er, während er sich darüberbeugte, um die Tiefe des Wassers zu schätzen, sich einem Greis gegenüber, der abgezehrt, weißbärtig und von so jämmerlichem Aussehen war, daß er seine Tränen nicht zurückhalten konnte. Auch der andere weinte. Ohne sein Antlitz zu erkennen, erinnerte sich Julian undeutlich, ein diesem ähnelndes Gesicht gesehen zu haben. Er stieß einen Schrei aus; es war sein Vater; und er dachte nicht mehr daran, sich zu töten.

So, die Last seiner Erinnerung tragend, durchwanderte er viele Länder; und er gelangte zu einem Fluß, dessen Überquerung gefährlich war, wegen seiner reißenden Strömung und weil an seinen Ufern viel Schlamm abgelagert war. Seit langem hatte es niemand gewagt, ihn zu überqueren.

Ein alter Kahn, mit abgesunkenem Heck, streckte seinen Bug aus dem Schilf. Als Julian ihn untersuchte, entdeckte er ein Paar Ruder; und es kam ihm der Gedanke, sein Dasein in den Dienst seiner Mitmenschen zu stellen.

Er begann damit, daß er auf der Böschung eine Art von Dammweg baute, der es ermöglichte, bis zum Fahrwasser hinabzugelangen; und er brach sich die Nägel beim Ausheben der riesigen Steine, preßte sie an seinen Bauch, um sie fortzuschaffen, glitt im Schlamm aus, versank darin und wäre mehrere Male beinahe umgekommen.

Sodann besserte er mit herumliegenden Schiffstrümmern das Boot aus und baute sich aus Lehm und Baumstämmen eine Hütte.

Die Fähre wurde bekannt, und die Reisenden fanden sich ein. Sie riefen ihn vom andern Ufer an, indem sie Fahnen schwenkten; schnell sprang Julian in seine Barke. Sie war sehr schwer; und man belud sie noch dazu mit aller Art Gepäck und Lasten, ganz zu schweigen von den Saumtieren, die, vor Furcht ausschlagend, das Gedränge noch vergrößerten. Er verlangte nichts für seine Mühe; einige gaben ihm Reste von Lebensmitteln, die sie aus ihren Felleisen zogen, oder Kleider, die so abgenutzt waren, daß sie sie nicht mehr tragen mochten. Rohe Gemüter schrien ihm Verwünschungen zu. Julian verwies es ihnen mit Sanftmut; und sie antworteten mit Flüchen. Er begnügte sich, sie zu segnen.

Ein kleiner Tisch, ein Schemel, ein Bett aus trockenem Laub und drei tönerne Becher, das war sein ganzes Hausgerät. Zwei Löcher in der Mauer dienten als Fenster. So weit das Auge reichte, breiteten sich auf der einen Seite unfruchtbare Ebenen, deren Oberfläche hier und da von bleichen Teichen unterbrochen war; und vor ihm wälzte der große Strom seine grünlichen Fluten. Im Frühling hatte die feuchte Erde einen Geruch von Verwesung. Dann wirbelte ein ungestümer Wind den Staub auf. Er drang überall ein, beschmutzte das Wasser, knirschte unter den Zähnen. Etwas später nahten Wolken von Stechmücken, deren Summen und Stechen bei Tag und bei Nacht kein Ende nahmen. Dann stellte sich schauriger Frost ein, der die Dinge hart wie Stein machte und ein wahnsinniges Verlangen nach Fleisch erregte.

Monate verflossen, ohne daß Julian jemanden sah. Oft schloß er die Augen und versuchte, durch das Gedächtnis, sich in seine Jugend zu versetzen – und der Hof eines Schlosses erschien, mit Windhunden auf der Freitreppe, Dienern im Waffensaal, und unter einer Reblaube ein Jüngling mit blondem Haar, zwischen einem in Pelz gehüllten Greis und einer Dame mit großer Flügelhaube; plötzlich lagen die beiden Leichen da. Er warf sich der Länge nach auf sein Lager und wiederholte unter Tränen:

»Oh! armer Vater! arme Mutter! arme Mutter!« Und er fiel in einen dumpfen Halbschlaf, in welchem die düsteren Gesichte ihn weiter verfolgten.

*

Eines Nachts, während er schlief, glaubte er zu hören, wie ihn jemand rief. Er reckte sein Ohr, vernahm aber nichts als das Brausen der Fluten.

Doch dieselbe Stimme fuhr fort:

»Julian!«

Sie kam vom andern Ufer, was ihm bei der Breite des Flusses ungewöhnlich erschien.

Ein drittes Mal rief man:

»Julian!«

Und diese laute Stimme hatte den Klang einer Kirchenglocke.

Als er seine Laterne angezündet hatte, trat er aus der Hütte. Ein wütender Sturm erfüllte die Nacht. Hier und da wurde die Finsternis durch den weißen Schaum der Wogen durchbrochen.

Nach einem Augenblick des Zögerns löste Julian das Tau. Sogleich wurden die Wasser ruhig, die Barke glitt hinüber und stieß an das andere Ufer, wo ein Mann wartete.

Er war in zerfetztes Leinen gehüllt, sein Gesicht glich einer Gipsmaske, und seine Augen waren röter als Kohlen. Als Julian sich ihm mit der Laterne näherte, bemerkte er, daß ein häßlicher Aussatz ihn bedeckte; dennoch war in seiner Haltung etwas Königlich-Majestätisches.

Sobald er die Barke betrat, sank sie, von seinem Gewicht niedergedrückt, merkwürdig ein; ein Stoß hob sie wieder; und Julian begann zu rudern.

Bei jedem Ruderschlag hob der Anprall der Wellen das Vorderteil in die Luft. Das Wasser, schwärzer als Tinte, strömte wütend beide Flanken entlang. Es wühlte Abgründe, türmte Berge auf, und die Barke sprang hinauf und sank zurück in die Tiefen, wo sie sich im Kreise drehte, vom Winde gepeitscht.

Julian beugte seinen Körper vor, reckte seine Arme, und mit den Füßen anstemmend, warf er sich mit einer Drehung seiner Hüften hintenüber, um mehr Kraft zu haben. Der Hagel peitschte seine Hände, der Regen rann ihm den Rücken herab, die Gewalt der Luft nahm ihm den Atem; er hielt ein. Da wurde das Boot von der Strömung fortgerissen. Doch da er begriff, daß etwas Bedeutsames geschah, ein Befehl waltete, dem man nicht ungehorsam sein durfte, faßte er die Ruder von neuem; und das Knarren der Dollen zerschnitt das Schreien des Sturmes.

Die kleine Laterne leuchtete vor ihm. Flatternde Vögel verbargen sie zuzeiten. Immer aber sah er die Augen des Aussätzigen, der hinten stand, aufrecht, unbeweglich wie eine Säule.

Und das dauerte lange, sehr lange!

Als sie in der Hütte angelangt waren, schloß Julian die Tür; und er sah ihn auf dem Schemel sitzen. Eine Art Leichentuch, das ihn einhüllte, war bis auf seine Hüften herabgesunken; und seine Schultern, seine Brust, seine mageren Arme verschwanden unter Placken schuppiger Pusteln. Ungeheure Falten durchfurchten seine Stirn. Gleich einem Skelett hatte er ein Loch anstelle der Nase; und seinen bläulichen Lippen entströmte ein Atem, dick wie Nebel und ekelhaft stinkend.

»Mich hungert« sagte er.

Julian gab ihm, was er besaß, ein altes Speckstück und die Krusten eines schwarzen Brotes.

Als er sie verzehrt hatte, zeigten der Tisch, der Napf und der Messergriff dieselben Flecken, die man auf seinem Körper sah.

Dann sagte er: »Mich dürstet!«

Julian holte einen Krug; und als er ihn ergriff, entströmte ihm ein Duft, der sein Herz und seine Nasenflügel weitete. Es war Wein; welch ein Fund! Doch der Aussätzige streckte den Arm aus, und mit einem Zuge leerte er den ganzen Krug.

Darauf sagte er: »Mich friert!«

Julian setzte inmitten der Hütte mit seiner Kerze ein Bündel Farn in Brand.

Der Aussätzige wärmte sich daran; und auf seinen Fersen kauernd, zitterte er an allen Gliedern; seine Kräfte wichen, seine Augen glänzten nicht mehr, seine Geschwüre liefen, und mit fast erloschener Stimme murmelte er:

»Dein Bett!«

Julian half ihm behutsam, sich dorthin zu schleppen, und breitete, um ihn zu bedecken, die Plache seines Bootes über ihn.

Der Aussätzige wimmerte. Seine Mundwinkel legten die Zähne bloß, ein immer schneller werdendes Röcheln hob seine Brust, und sein Bauch höhlte sich bei jedem Atemholen bis zum Rückenwirbel.

Dann schloß er die Augen.

»Mir ist, als hätte ich Eis in den Knochen! Komm an meine Seite!«

Und Julian schob die Plache beiseite und legte sich auf die trockenen Blätter neben ihn, Seite an Seite.

Der Aussätzige wandte den Kopf.

»Zieh dich aus, damit ich die Wärme deines Körpers spüre!«

Julian legte seine Kleider ab; dann legte er sich, nackt wie am Tag der Geburt, wieder in das Bett; und er fühlte an seinen Schenkeln die Haut des Aussätzigen, die kälter war als eine Schlange und rauh wie eine Feile.

Er versuchte, ihm Mut zuzusprechen; und der andere antwortete ächzend:

»Ach! ich muß sterben! ... Komm näher, wärme mich! Nicht mit den Händen! nein! mit deinem ganzen Leib!«

Julian breitete sich vollständig über ihm aus, Mund an Mund, Brust auf Brust.

Da umschlang ihn der Aussätzige; und seine Augen erglänzten plötzlich, klar wie die Sterne; seine Haare verlängerten sich wie die Strahlen der Sonne, der Hauch seiner Nasenflügel hatte die Lieblichkeit des Rosendufts; eine Weihrauchwolke erhob sich vom Herd, die Wellen sangen. Indessen senkte sich eine Fülle von Wonnen, eine überirdische Freude wie eine Flut in die Seele des verzückten Julian; und er, dessen Arme ihn umschlangen, wuchs fortwährend, wuchs, bis daß er mit seinem Haupt und seinen Füßen die beiden Mauern der Hütte berührte. Das Dach wurde fortgerissen, das Firmament breitete sich aus – und Julian stieg in den blauen Raum, von Angesicht zu Angesicht mit unserm Herrn Jesus Christus, der ihn in den Himmel trug.

Und das ist die Geschichte von Sankt Julian dem Gastfreien, ungefähr so, wie man sie auf einem Kirchenfenster in meiner Heimat findet.

# Anmerkungen

## »Die Bäume zeigten ihre Ringe, die Tiere ihre Adern« Franz Marc folgt der Spur des heiligen Julian

1. Annegret Hoberg und Isabelle Jansen, *Franz Marc. The Complete Works*, 3 Bde., Bd. 1: *The Oil Paintings*, Bd. 2: *Works on Paper, Postcards, Decorative Arts and Sculpture*, Bd. 3: *Sketchbooks and Prints*, München / London 2004, Bd. 1, Nr. 217.
2. Ebd., Nr. 211.
3. Im Frühjahr 1913 malte Marc, wie er an seinen Freund August Macke schrieb, »lauter ganz verschiedene Bilder«: »Willst Du die Titel wissen: sie sagen nichts, amüsieren Dich aber vielleicht: Der Turm der blauen Pferde: Die ersten Tiere: Das arme Land Tirol: die Bäume zeigten ihre Ringe, die Tiere ihre Adern; die Weltenkuh: die Wölfe (Balkankrieg) usw.« Brief von Franz Marc an August Macke, 22. Mai 1913, in: August Macke und Franz Marc, *Briefwechsel*, hg. von Wolfgang Macke, Köln 1964, S. 163. – Es sind nicht nur verschiedene, sondern gegensätzliche Werke, die Marc aufzählte. Auf der einen Seite der utopische *Turm der blauen Pferde*, dann *Die ersten Tiere* und *Weltenkuh*, Szenen paradiesischen Friedens. Auf der anderen Seite die bedrohliche Atmosphäre von *Wölfe (Balkankrieg)* oder die tiefe Melancholie von *Armes Land Tirol* und schließlich die Apokalypse: *Die Bäume zeigten ihre Ringe, die Tiere ihre Adern.*
4. Frederick S. Levine sieht als weitere Quellen Marcs Nietzsche-Lektüre und die über Richard Wagner rezipierten germanischen Mythen; Frederick S. Levine, *The Apocalyptic Vision. The Art of Franz Marc as German Expressionism*, New York u. a. 1979, S. 90–100.
5. Vielleicht wurde die Beschäftigung mit dem Text, den Marc

auf Französisch las, durch das Erscheinen der ersten deutschen Gesamtausgabe des Werkes von Gustave Flaubert in den Jahren 1907 bis 1909 veranlasst. Zu der Radierung fertigte Marc zwei Studien in Bleistift (Abb. 1), auf denen er die schmerzvolle Bewegung des am Boden liegenden Rehs einzufangen versuchte; siehe Hoberg / Jansen 2004–2011 (Anm. 1), Bd. 2, Nr. 116 und 117.

6. Hoberg / Jansen 2004–2011 (Anm. 1), Bd. 3, Skizzenbuch XXVIII, S. 15–22a, 33–35.
7. Brief von Franz Marc an Wassily Kandinsky, 23. Oktober 1912, in: Franz Marc, *Briefe, Schriften und Aufzeichnungen*, hg. von Günter Meißner, Leipzig / Weimar 1989, S. 79.
8. »[…] l'histoire de saint Julien l'Hospitalier, telle à peu près qu'on la trouve, sur un vitrail d'église, dans mon pays.« Gustave Flaubert, *Trois contes : Un cœur simple. La légende de saint Julien l'hospitalier. Hérodias*, Paris 1877, S. 164; siehe im vorliegenden Band, S. 86. Dt. Ausgabe: Gustave Flaubert, *Drei Erzählungen. Ein schlichtes Herz / Die Legende von Sankt Julian dem Gastfreien / Herodias* (1907), hg. von Karl-Maria Guth, Berlin 2016, S. 35-60; siehe im vorliegenden Band, S. 121.
9. Andreas Hüneke hat auf diese kompositorische Parallele aufmerksam gemacht; Andreas Hüneke, *Franz Marc. Tierschicksale. Kunst als Heilsgeschichte*, Frankfurt am Main 1994, S. 46.
10. »– ein rosafarbener Regen fiel auf grüne Wiesen / – die Luft war wie grünes Glas / – das Mädchen blickte ins Wasser; das Wasser war klar. / Wie Kristall; da weinte das Mädchen. / – die Bäume zeigten ihre Ringe; die Tiere ihre Adern.« Franz Marc, Skizzenbuch XXVIII, 1912/13, S. 22; in: Hoberg / Jansen 2004–2011 (Anm. 1), Bd. 3, S. 246.
11. Ebd. S. 247.
12. Ebd. S. 245, 244, 246.
13. Auf Seite 17a des Skizzenbuchs mit der Darstellung eines in der abendlichen Landschaft mit rotem Himmel ausruhenden Hundes bezieht Marc sich direkt auf Flauberts Text: »La nuit allait venir ; et derrière le bois, dans les intervalles

des branches, le ciel était rouge comme une nappe de sang«, Flaubert 1877 (Anm. 8), siehe im vorliegenden Band, S. 67. »Die Nacht brach herein; und jenseits des Waldes leuchtete durch die Zwischenräume der Zweige der Himmel rot wie ein blutgetränktes Tuch.« Flaubert 1907 (Anm. 8), siehe im vorliegenden Band, S. 99.

14. Siehe den Beitrag von Barbara Vinken im vorliegenden Band, S. 41-53.
15. »La nuit, il ne dormit pas.« Flaubert 1877 (Anm. 8), siehe im vorliegenden Band, S. 68. »In der Nacht konnte er nicht schlafen.« Flaubert 1907 (Anm. 8), siehe im vorliegenden Band, S. 101.
16. »Réjouis-toi, ô mère ! ton fils sera un saint !« Flaubert 1877 (Anm. 8), siehe im vorliegenden Band, S. 59. »›Freue dich, oh Mutter! Dein Sohn wird ein Heiliger sein!‹« Flaubert 1907 (Anm. 8), siehe im vorliegenden Band, S. 91.
17. »Julien s'adossa contre un arbre. Il contemplait d'un œil béant l'énormité du massacre, ne comprenant pas comment il avait pu le faire.« Flaubert 1877 (Anm. 8), siehe im vorliegenden Band, S. 67. »Julian lehnte sich an einen Baum. Er betrachtete mit weit aufgerissenen Augen die Ungeheuerlichkeit des Gemetzels, ohne zu fassen, wie er es hatte begehen können.« Flaubert 1907 (Anm. 8), siehe im vorliegenden Band, S. 100.
18. Brief von Franz Marc an Maria Marc, 17. März 1915, in: Franz Marc und Maria Marc, *»Ich will Dich an der Hand führen, um Dir die Wunder der Welt zu zeigen ...«. Briefe von Franz und Maria Marc*, hg. von Annegret Hoberg, München 2018, S. 138 f., hier S. 138.
19. Marcs Entdeckung seiner Bildfindung im Krieg als dessen Vorahnung steht am Anfang der Geschichte des Gemäldes, die auf schicksalhafte Weise mit den Apokalypsen des 20. Jahrhunderts verbunden ist. Das zu den großformatigsten Werken Marcs gehörende Bild, das er selbst vor der Ausstellung im *Ersten Deutschen Herbstsalon* in Berlin sehr hoch taxierte, wurde 1916, nach Marcs Tod, in einer Gedenkausstellung in der Berliner Galerie Der Sturm gezeigt und vor

dem Weitertransport zur zweiten Station der Ausstellung in Wiesbaden durch einen Brand schwer beschädigt. Paul Klee restaurierte das Gemälde sehr zurückhaltend, sodass der Schaden bis heute zu sehen ist. 1930 wurde es von Alois Schardt für das Städtische Museum in Halle erworben und dort 1937 im Rahmen der Aktion »Entartete Kunst« konfisziert und in ein Kunstdepot in Berlin, Schloss Niederschönhausen, gebracht, wo es neben anderen, als ›international verwertbar‹ geltenden Werken verwahrt wurde. 1939 erwarb Georg Schmidt auf Vermittlung durch Hildebrand Gurlitt das Gemälde für das Basler Kunstmuseum direkt aus diesem Depot; siehe Hüneke 1994 (Anm. 9), S. 5–9; vgl. Hoberg / Jansen 2004–2011 (Anm. 1), Bd. 1, Nr. 217.

20. 20. September–1. Dezember 1913; vgl. Hoberg / Jansen 2004–2011 (Anm. 1), Bd. 1, Nr. 217.
21. Vgl. Franz Marc, *Schriften*, hg. von Klaus Lankheit, Köln 1978, S. 125.
22. Brief von Paul Klee an Franz Marc, 28. April 1915, Archiv für Bildende Kunst, Germanisches Nationalmuseum Nürnberg. Klee kannte Marcs an der Front verfasste Schriften und bezog sich auf die »Aphorismen« und den Essay «Das geheime Europa«. Den Gedanken, nach dem Krieg müsse man *konstruktive*, zukünftige Bilder malen, formulierte Marc im Brief an seine Frau vom 17. März 1915, in dem er von seinem Eindruck beim Erhalt der Postkarte mit der Reproduktion von *Tierschicksale* berichtete; Marc / Marc 2018 (Anm. 18), S. 138 f.
23. Hoberg / Jansen 2004–2011 (Anm. 1), Bd. 2, Nr. 239.
24. Ebd., Nr. 240.
25. »Das Volk hat Instinkt. Es weiß, dass der Krieg es reinigen wird. Um Reinigung wird der Krieg geführt und das kranke Blut vergossen.« Marc 1978 (Anm. 21), S. 164.
26. Vgl. Cathrin Klingsöhr-Leroy, »›Sich schneidende Kreise‹. Der Briefwechsel zwischen Franz Marc und Paul Klee im Ersten Weltkrieg«, in: dies., *Zwischen den Zeilen. Dokumente zu Franz Marc*, Ostfildern-Ruit 2005, S. 52–59.
27. Barbara Vinken hat gezeigt, dass Flauberts Erzählung auf einer untergründigen Struktur beruht, in der sich die von

Augustinus in *De civitate Dei* entfaltete Opposition von *civitas Dei* und *civitas terrena* sowie Victor Hugos Novelle *La fin de Satan* überlagern; Barbara Vinken, »Saint Julien l'Hospitalier, Ré-marqué : révélation illuminée contre écriture noire«, in: dies., *Gustave Flaubert. Trois Contes. Nouvelle édition critique de Barbara Vinken, avec trois essais*, Berlin / Boston 2020, S. 188–216. In beiden Texten spielt der grundlegend zerstörerische Jäger Nemrod als Repräsentant des Antichrists eine Rolle. Er ist die *Vorzeichnung* für Julian, dem wie Nemrod als Antipoden Noah und Adam gegenübergestellt werden (ebd., S. 204). Marc, der in einem christlich geprägten Elternhaus mit einer französisch-calvinistischen Mutter aufwuchs, waren diese Texte wahrscheinlich bekannt, und intuitiv mag er die skizzierten Zusammenhänge erfasst haben, ohne dass er sie in direkten Zusammenhang mit der Figur des Julian gebracht haben muss.

28. Vgl. Roland Mönig, »›Animalisierung der Kunst‹ und Nihilismus. Die Destruktion des idealen Menschenbildes um 1900 und das Tiermotiv bei Marc und Trakl«, in: ders., *Franz Marc und Georg Trakl. Ein Beitrag zum Vergleich von Malerei und Dichtung des Expressionismus*, Münster 1996, S. 42–61.
29. Diese Sentenz aus einer buddhistischen Schriftensammlung wurde von Karl Eugen Neumann, dem Herausgeber, in seiner Einleitung kommentiert: »Wem dieser Fundamentalsatz der buddhistischen Lehre vielleicht hyperbolisch dünkt, der blicke doch hin in die Welt [...] und bei jedem Elend, das er sieht und hört, wiederhole er das ›große Wort‹ der Inder: Das bist du!« *Der Wahrheitspfad. Dhammapadam. Ein buddhistisches Denkmal*, hg. und übers. von Karl Eugen Neumann, München 1921, S. 134 f.; vgl. Mönig 1996 (Anm. 28), S. 95.
30. Marc 1978 (Anm. 21), S. 98.
31. Vgl. Mönig 1996 (Anm. 28), S. 49.
32. Vgl. Johannes Langner, »Iphigenie als Hund. Figurenbild im Tierbild bei Franz Marc«, in: *Franz Marc. 1880–1916*, Ausst.-Kat. München, Städtische Galerie im Lenbachhaus, München 1980, S. 50–73.

33. Vgl. Hüneke 1994 (Anm. 9), S. 16–30.
34. Vgl. Cathrin Klingsöhr-Leroy, »Franz Marc 1910–1914. Vom Tiermotiv zur ›Animalisierung der Kunst‹«, in: *Franz Marc. Zwischen Utopie und Apokalypse*, hg. von ders., Ausst.-Kat. Kochel a. See, Franz Marc Museum Kochel a. See, München 2016, S. 42–44.
35. »Er hat viel gezeichnet und war erfüllt von Plänen für seine Malerei. Wir machten eine schöne Wanderung von einer Woche durch den Vintschgau, der Anregung für seine Tiroler Bilder war. Nach der Rückkehr nach Sindelsdorf entstanden die Gemälde ›Das arme Land Tirol‹ und ›Tirol‹. Es wurde für ihn eine besonders reiche Arbeitszeit – neben den Tiroler Bildern malte er an ›Turm der Blauen Pferde‹, ›Die ersten Tiere‹ und ›Die Wölfe‹ – alles mit großer Leidenschaft und mit Glück.« Maria Marc, *»Das Herz droht mir manchmal zu zerspringen«. Mein Leben mit Franz Marc*, hg. von Brigitte Roßbeck, München 2016, S. 174.
36. Brief von Franz Marc an Maria Marc, 12. April 1915, in: Marc 1989 (Anm. 7), S. 140 f.
37. Vgl. Carla Schulz-Hoffmann, »Utopie und Abstraktion. Franz Marc und die Bedeutung romantischer Denkvorstellungen für die Kunst der Moderne«, in: *Franz Marc. Kräfte der Natur. Werke 1912–1915*, hg. von Erich Franz, Ausst.-Kat. München, Staatsgalerie Moderner Kunst; Münster, Westfälisches Landesmuseum, Ostfildern 1993, S. 153–167.

## Franz Marc illustriert Gustave Flauberts *Heiligen Julian*

1. Rilke hat den *Heiligen Julian* Flauberts nicht nur brieflich erwähnt, sondern in den *Aufzeichnungen des Malte Laurids Brigge* auch literarisch verarbeitet.
2. Brief von Rainer Maria Rilke an Clara Rilke, Paris, 19. Oktober 1907, in: Rainer Maria Rilke, *Briefe in zwei Bänden*, Bd. 1: *1896–1919*, hg. von Horst Nalewski, Frankfurt am Main 1991, S. 280.

3. Frederick S. Levine, *The Apocalyptic Vision. The Art of Franz Marc as German Expressionism*, New York u. a. 1979, S. 76–103.
4. Brief von Franz Marc an Maria Marc, 17. März 1915, in: Franz Marc und Maria Marc, *»Ich will Dich an der Hand führen, um Dir die Wunder der Welt zu zeigen ...«. Briefe von Franz und Maria Marc*, hg. von Annegret Hoberg, München 2018, S. 138 f., hier S. 138.
5. Franz Marc, »Das geheime Europa« (November 1914), in: ders., *Schriften*, hg. von Klaus Lankheit, Köln 1978, S. 163–167.
6. Ebd., S. 167.
7. Franz Marc, »Im Fegefeuer des Krieges« (Oktober 1914), in: Marc 1978 (Anm. 5), S. 158–162, hier S. 158–160.
8. Ebd., S. 160.
9. Ebd., S. 161.
10. Ebd., S. 161 f.
11. Marc 1978 (Anm. 4), S. 163.
12. Ebd.
13. Ebd.
14. Ebd., S. 165.
15. Ebd., S. 166.
16. Ebd., S. 163 f.
17. Marc 1978 (Anm. 7), S. 160.
18. Marc 1978 (Anm. 5), S. 163.
19. »Guardate laggiù, quelle spiche di grano, allineate in battaglia, a milioni ... Quelle spiche, agili soldati dalle baionette aguzze, glorificano la forza del pane, che si trasforma in sangue, per sprizzar dritto, fino allo Zenit. Il sangue sappiatelo, non ha valore nè splendore, se non liberato, col ferro o col fuoco, dalla prigione delle arterie!« Filippo T. Marinetti, »Uccidiamo il Chiaro di Luna« (1909), in: ders., *Teoria e invenzione futurista*, Mailand 1986, S. 17 (Übers. d. Verf.).
20. Marc 1978 (Anm. 5), S. 163.
21. Ebd., S. 166.

# Abbildungsnachweise

Abb. 1: Franz Marc Museum, Kochel a. See, Franz Marc Stiftung
Abb. 2: Staatliche Graphische Sammlung München
Abb. 3: Franz Marc Museum, Kochel a. See, Franz Marc Stiftung, Schenkung W. Winterstein, Foto: Walter Bayer, München
Abb. 4: Solomon R. Guggenheim Museum, New York, Solomon R. Guggenheim Founding Collection
Abb. 5: ARTOTHEK
Abb. 6: Hans Hinz-ARTOTHEK
Abb. 7: Franz Marc Museum, Kochel a. See, Franz Marc Stiftung, Foto: Collecto.art
Abb. 8: Franz Marc Museum, Kochel a. See, Franz Marc Stiftung, Foto: Walter Bayer, München
Abb. 9: Verlag C. H. Beck
Abb. 10: Verlag C. H. Beck
Abb. 11: Germanisches Nationalmuseum
Abb. 12: Verlag C. H. Beck
Abb. 13: Franz Marc Museum, Kochel a. See, Stiftung Etta und Otto Stangl, Foto: Collecto.art
Abb. 14: Franz Marc Museum, Kochel a. See, Stiftung Etta und Otto Stangl, Foto: Walter Bayer, München
Abb. 15: Germanisches Nationalmuseum
Abb. 16: bpk / Bayerische Staatsgemäldesammlungen
Abb. 17: bpk / Bayerische Staatsgemäldesammlungen
Abb. 18: Museum Penzberg - Sammlung Campendonk
Abb. 19: Franz Marc Museum, Kochel a. See, Stiftung Etta und Otto Stangl, Foto: Collecto.art
Abb. 20: Kathedrale Notre-Dame von Rouen

*Verantwortliche für deutschsprachige Publikationen des DFK Paris:* Lena Bader
*Redaktionsassistenz:* Viviana Macaluso, unterstützt von Teresa Hantke, Mette Kleinsteuber und Marlene Kropp
*Verlagssekretariat Éditions de la MSH:* Laura Olber

*Lektorat DE:* Holger Steinemann, Stuttgart
*Lektorat FR:* Anne-Emmanuelle Fournier, Paris
*Grafisches Konzept:* ulli neutzling designbuero, Hamburg
*Satz:* Jacques-Antoine Bresch, Paris

**Vertrieb**
www.diaphanes.net
www.fmsh.fr/diffusion-des-savoirs (Vertrieb Frankreich)
www.lcdpu.fr (Online-Verkauf Frankreich)

**Elektronische Ausgabe**
www.books.openedition.org/editionsmsh/8026

Druckerei & Verlag
Steinmeier
GmbH & Co. KG

Gewerbepark 6 • 86738 Deiningen
Tel.: (0 90 81) 29 64 - 0
Fax: (0 90 81) 29 64 29
Internet: www.steinmeier.net
E-Mail: info@steinmeier.net

Gedruckt in Deutschland